DIX
ENTRÉES
SOLENNELLES
A
PÉRIGUEUX
1470 — 1566

Publiées pour la première fois d'après les manuscrits de la Bibliothèque Nationale et les Archives de la ville de Périgueux

PAR

LE PRÉSIDENT DE MONTÉGUT

Correspondant du Ministère pour les Travaux historiques.

BORDEAUX
P. CHOLLET, LIBRAIRE-ÉDITEUR
53, COURS DE L'INTENDANCE
MDCCCLXXII

DIX
ENTRÉES SOLENNELLES
A PÉRIGUEUX

Tiré à 150 Exemplaires

—

N°

DIX

ENTRÉES

SOLENNELLES

A

PÉRIGUEUX

1470 — 1566

Publiées pour la première fois d'après les manuscrits de la Biblio-
thèque Nationale et les Archives de la ville de Périgueux

PAR

Le Président de Montégut

Correspondant du Ministère pour les Travaux historiques

BORDEAUX

P. CHOLLET, LIBRAIRE-ÉDITEUR

53, COURS DE L'INTENDANCE

MDCCCLXXXII

AVERTISSEMENT

Nous possédions depuis plusieurs années, la copie manuscrite de nos dix Entrées. Mais quoique nous eussions pris le soin de la relever nous-même sur les manuscrits de la Bibliothèque Nationale, au fonds Périgord, ce monument élevé à l'histoire de sa patrie, par l'abbé de Lespine, notre compatriote, nous avions de fortes raisons de la supposer imparfaite et incomplète.

Aussi ne nous sommes nous décidé à en faire la publication qu'après la collation la plus rigoureuse, suivie sur les originaux conservés à l'Hôtel de ville de Périgueux, par leur savant archiviste, M. Michel Hardy, auquel nous exprimons ici toute notre reconnaissance.

Certes nous ne voulons exagérer en rien le mérite de notre œuvre; mais nous pensons, et le lecteur nous l'espérons, partagera notre avis, qu'il est difficile de rencontrer une page d'histoire locale plus originale que l'Entrée du roi de Navarre. Remarquons d'abord la date, 10 janvier 1530. Elle est rédigée en français, chose rare alors, surtout dans le Midi où la langue d'oc était encore prépondérante ; à toute minute, presque à chaque phrase, l'on voit se produire l'enfantement de mots d'une tournure plus latine que française. C'est un véritable document de linguistique qui pourra être consulté avec fruit par tous ceux qui s'occupent de ces questions.

L'entrée d'Henri d'Albret, qui à elle seule, absorbe plus de la moitié de notre manuscrit, fut un évènement considérable dans l'histoire de la ville de Périgueux. Le Maire alors en exercice, Raymond du Puy, seigneur de Lagarde, soigna d'une manière toute particulière la rédaction de son procès-verbal. Il prononce en tout trois discours qu'il nous donne in-extenso. On y sent un homme fier de son œuvre et qui pour beaucoup, n'aurait pas fait grâce à son prince d'une seule de ses périphrases. Le roi de son côté répond, et le maire, en véritable historiographe, transcrit ses paroles textuellement. Il est vrai qu'il est moins généreux à l'égard de ses rivaux en éloquence. Pas un mot ni des discours de l'Evêque et du Juge-Mage, ni de celui du plus ancien des chanoines de Saint-Front, qu'il n'aurait pas dû oublier cependant, puisqu'il constate qu'il est de haut style et prononcé en bonne et plaisante gravité.

On se demande avec effroi à quelle altitude inconnue avait dû s'élever le style du chanoine en question pour mériter ce qualificatif, et l'on regrette d'autant plus cette omission.

En résumé nos dix Entrées qui bien comptées avec celles rapportées dans les trois notes additionnelles font un total de quatorze, nous font connaître quelle était aux XVᵉ et XVIᵉ siècles, la variété de ces sortes de cérémonies. Quatre sont royales ou princières; deux d'un caractère à la fois privé et public, que nous croyons uniques en leur genre, celles du Premier Président du Parlement de Bordeaux et de sa femme; trois, de Sénéchaux de la province; une, du Lieutenant du Roi en Guyenne, le fameux Blaise de Monluc, plus tard, Maréchal de France.

Parmi les quatre premières, celle qui concerne le duc de Guyenne, l'infortuné frère de Louis XI, nous a permis de donner sur ce prince des détails jusqu'à ce jour inédits ou restés inconnus de tous ses historiens. Une autre de Catherine de Médicis, alors Dauphine, nous signale un épisode complètement ignoré de la vie de cette princesse. On remarquera avec quel tact de bon goût, elle refuse de se mettre sous le poële que les consuls veulent porter sur sa tête. Afin de rendre sa réponse moins désobligeante et d'affirmer sa tendre sollicitude pour celui qui régnera un jour sous le nom de Henri II, elle explique qu'elle ne peut accepter cet honneur, à cause du danger qu'il courait de sa personne au siège devant Perpignan. On faisait à cette époque courir les bruits les plus malveillants sur la future reine de France, après dix ans de mariage restée stérile, et cette réponse habile était le meilleur moyen d'y couper court.

Nos entrées ne seraient pas complètes, si elles n'étaient accompagnées d'une vue en perspective de la ville de Périgueux au XVIme siècle, c'est-à-dire au moment même des évènements qu'elles retracent. Un plan fort exact de la vieille cité gallo-romaine a été donné par Belleforest (1575). Nous le reproduisons identique à l'original. Grâce à lui on pourra suivre de l'œil et du doigt, tout le trajet suivi par Henri d'Albret, entrant par la porte Limogeane, s'arrêtant à St Front, sortant par la porte Taillefer pour se rendre à la Cité et descendre au logis Episcopal, celui de Catherine de Médicis, etc., etc.

Nous n'aurons ainsi rien négligé, pour rendre facile et intelligible, même pour ceux qui ne sont pas nos compatriotes, le texte de nos Entrées.

Liste des Entrées.

LISTE DES ENTRÉES

Pages

Entrée de Charles de France, duc de
    Guyenne (1 février 1470), . . .   3

et note additionnelle.   87

Entrée du Sénéchal Bertrand d'Estis-
    sac (27 novembre 1513). . . .   9

Entrée du Premier Président François
    de Belcier (septembre 1520). . .   15

Premiére Entrée du roi de Navarre   21
    (10 janvier 1530).

et note additionnelle.   97

Entrée du Sénéchal Charles de Gaing   53
    (16 février 1533)).

Pages.

Seconde Entrée du roi de Navarre   59
(vers 1542).

Entrée de Catherine de Médicis.   .   .   65
(5 septembre 1542).

Entrée de la Première Présidente du
Parlement de Bordeaux.   .   .   .   71
(septembre 1542).

Entrée du Sénéchal Jacques André
(31 mai 1553).   75

et note additionnelle.   105

Entrée de Blaise de Monluc.   .   .   81
(fin mai 1566)

Première Entrée.

ENTRÉE

DU DUC DE GUYENNE

(1 FÉVRIER 1470 N. S.)

ANNO Domini millesimo quadragintesimo sexa-
gesimo nono Dominus noster Dominus Ludo-
vicus (1) Rex Francie tradidit ducatum Aqui-
tanie serenissimo principi et germano ejusdem per

---

(1) Louis XI, fils aîné de Charles VII et de Marie d'Anjou,
né à Bourges en 1423, roi de France en 1461, mort en 1483.

modum pertaigii (1), Domino Carolo (2) pro nunc duci
dicti ducatus, et in dicto anno circa festum Purificatio-
nis beate Marie et, quitquid sit, in Vigilia ejusdem
festi (3), dictus Dominus Carolus fecit introitum suum
in presenti villa ubi fuit sumptuose receptus per viros
ecclesiasticos, majorem, consules et ceteros populares,

---

(1) Ce fut en effet à titre de partage que Charles de France,
frère unique de Louis XI, obtint le duché de Guyenne, en
toute souveraineté, comme l'avaient possédé longtemps les fils
ainés des rois d'Angleterre, c'est-à-dire, sauf l'hommage au
roi. Ce titre et cette qualité sont formellement exprimés dans les
lettres de ce prince, datées de Nantes, 15 mai 1469, à Odet
d'Aydie, seigneur de Lescun, pour prendre en son nom possession du duché :
« Charles, fils et frère des roys de France, duc de Guyenne,
» comte de Xaintonge et seigneur de La Rochelle,
» Comme par le traité et accord faict entre nostre très redouté
» seigneur, Mgr le Roy d'une part et Nous d'autre, sur la diffe-
» rance du partaige et appanage, qui nous appartenoit et appar-
» tient par le droit de succession et eschoite de feu nostre très
» redouté seigneur et père et de feue nostre très redoutée dame
» et mère le Roy et la Reyne, que Dieu absolve, mondict frère
» pour *nostre droict de partaige*, etc., etc. »
(2) Charles de France, né au château de Montils-les-Tours le
28 décembre 1446 (âgé par conséquent de 23 ans de moins que
son frère), fut successivement duc de Berri en 1461, duc de
Normandie en 1465, comte de Champagne et de Brie en 1468,
enfin duc de Guyenne le 29 avril 1469; mort à Bordeaux,
non sans de graves soupçons d'empoisonnement le 28 mai 1472
(Lire à l'*appendice* la notice que nous consacrons à ce prince).
(3) D'après l'*Art de vérifier les dates*, la fête de la Purification
tombant le jeudi 2 février 1470 (v. s. 1469), c'est la veille,
mercredi 1 février, que le duc fit son entrée à Périgueux.

prout decebat juxta possibilitatem villarum, et non immerito, quia per ante ejus introitum promiserat et convenerat seu promitti et conveniri fecerat per cancellarium ducatus Britannie (1) confirmare libertates et privilegia prout antherius ejus predecessores Reges et duces Acquitanie, concesserant, prout et dictus dominus dux fecit.

TRADUCTION

L'an du Seigneur mil quatre cent soixante neuf Notre Seigneur le Seigneur Louis, roi de France, donna par mode de partage, le duché d'Aquitaine (Guyenne) au Serenissime prince, son frère, Monseigneur Charles, présentement duc dudit duché et en ladite année vers la fête de la Purification Notre-Dame (2 février 1470) et en tous cas, la veille de la même fête, ledit seigneur Charles fit son entrée dans la présente ville où il a été magnifiquement reçu par le clergé, le maire, les consuls, et tout le peuple selon le pouvoir des deux villes (2)

---

(1) Jean de Romilly, seigneur de la Chesnelaye, en Normandie, fils de Jean et de Marguerite de Bardoul, vice-chancelier de Bretagne, reçut du duc François II de Bretagne de nombreuses missions diplomatiques. « Il était *Normand* et très *habile homme* », écrit Commines dans ses *Mémoires*. C'est ce qui nous explique le choix qu'on avait fait de lui, pour accompagner un prince jeune et inexpérimenté dans la prise de possession de la Guyenne.

(2) Du moins, nous croyons cette traduction la seule possible.

comme il convenait et cela à bon droit, parce que avant
son entrée il avait promis et était convenu et il avait
fait promettre et convenir par le chancelier du duché
de Bretagne de confirmer leurs libertés et priviléges,
selon que ses prédécesseurs les rois et ducs d'Aquitaine
l'avaient accordé antérieurement et ledit seigneur duc
fit de même.

———————————

La ville de Périgueux, jusqu'au milieu du XIIIe siècle, se
composait de deux villes bien distinctes : la vieille cité romaine
connue sous le nom de *Vesuna* ; la ville du Puy-Saint-Front,
groupée au pied de l'antique monastère de ce nom. Ce ne fut
qu'en 1240 qu'un traité d'union intervint.

Deuxième Entrée.

ENTRÉE

DU SÉNÉCHAL

BERTRAND D'ESTISSAC

(27 NOVEMBRE 1513)

———

E N la present annee miľ cinq cens treize et le XXVIIeme jour du mois de Novembre, Puissant seigneur, Bertrand d'Estissac (1), chevallier, seigneur dudict lieu, Sennechal nouvellement creé par

———

(1) Bertrand d'Estissac appartenait à la noble famille de ce nom, issue directement et légitimement des anciens comtes de

le Roy, comme de ces lectres doffice fust faicte lecture
en jugement, et pareillement de ses lectres de lieute-
nance de gouverneur en Guyenne pour Monsr d'Ango-
lesme (1) los Dauphin en France, veind prendre en
ladicte ville possession de son dict office de Sennéchal,
ou Messrs les Maire et Consulz de la dicte année,
accompaignez de plusieurs gens aparens de ladicte
ville, allarent a laudevant jusques à la balleue (2), à la
venue duquel et pour pourveoir à icelle, fust assemble
le conseilh des manans et habitans de ladicte ville, par
l'advis et delibéracion duquel fust ordonné faire présent
audict Seigneur d'Estissac, Sennechal et lieutenant
susdict pour son dict nouvel advenement, scavoir est de
quatre barriques de vin, six charges avoene, deux

Périgord, par Bozon, fils d'Archambaud III et de Marie de
Bermond d'Anduze. Il devait être le frère de Geoffroy d'Estissac,
évêque de Maillezais (1518—1543), l'ami et le protecteur de
Rabelais. Bertrand d'Estissac avait épousé vers 1510, Catherine
Chabot de Jarnac, fille de Jacques, baron de Jarnac, et de
Madeleine de Luxembourg, laquelle était sœur du célèbre
amiral Philippe Chabot, seigneur de Brion. — Le 16 avril 1516,
nous trouvons le sénéchal de Périgord, maire de Bordeaux, et
François Ier lui fit don, à cette date, du greffe civil et criminel
du Parlement de Bordeaux; il le revendit 13,000 livres à
François de Marcillac, alors greffier des présentations. François
de Marcillac devint plus tard Premier-Président au Parlement
de Normandie.

(1) François I, comte d'Angoulême, fils de Charles d'Orléans
et de Louise de Savoye, né en 1494, roi de France en 1515.

(2) La banlieue de Périgueux.

douzeines de torches, huyct potz ypocras et quatre douzeines perdris et assees (1), ce que fust faict et a luy presenté. Et ledict jour, estant mondict seigneur le Sennechal en l'auditoire Royal, expédiant la Court, a recogneu tenir de mesd. seigneurs les Maire et Consulz de ladicte présent ville, les parquet, prisons et trompete de ladicte ville, solo acomodato (2) comme par ces predecesseurs, à leur nouvelle entrée et prinse de possession, avoit este acostume faire.

---

(1) On nomme encore ainsi en Périgord un poisson blanc, de moyenne grandeur, assez commun dans les cours d'eau.

(2) *Sol emprunté*. Ces mots reviennent souvent dans les divers titres concernant Périgueux. On voulait ainsi bien constater la propriété de la ville et le simple usage momentané de l'auditoire, sans créer un titre pour l'avenir.

Troisième Entrée.

ENTRÉE

DE FRANÇOIS DE BELCIER

Premier-Président du Parlement de Bordeaux

(septembre 1520)

E<small>N</small> la dicte année (1520) Illustre et scientifficque personne, maistre Francoys de Belcier (1), Conseiller du Roy, nostre Sire, en la Court de Parlement de Bourdeaulx, natif et habitant de la

---

(1) François de Belcier, seigneur de Saint-Germain et de La Boyse, successivement avocat au Parlement de Bordeaux en 1507, conseiller en 1512, premier-président en 1520, apparte-

présent ville, fust pourveu pour ledict seigneur, de l'office de Premier President en ladicte Court; lequel fist comme président, sa première entrée en ladicte ville, au moys de septembre, audavant lequel les Maire et Consulz de ladicte ville, allarent accompaignes de grant

---

nait à une vieille famille de Périgueux, qui depuis le milieu du quinzième siècle, y avait rempli de nombreux et importants offices de judicature. François de Belcier joua un rôle considérable dans les événements de son temps. Ce fut lui qui eut l'honneur d'attacher son nom à la nouvelle coutume de Bordeaux, à la rédaction de laquelle il présida en 1521. En 1536, il était avec le seigneur de La Rochebeaucourt, commissaire et député pour le Roi sur le fait de l'impôt du quart du sel. Pendant vingt-quatre ans, il resta à la tête de sa compagnie. C'est le plus long exercice de cette charge que l'on connaisse au Parlement de Bordeaux. Il y mourut le 30 décembre 1544. De son mariage avec Louise de Polignac (ou Poulignac, noble famille de l'Angoumois), il laissa un fils nommé Jean, successivement avocat et clerc de la ville de Bordeaux, conseiller au parlement en 1521, et au grand-conseil en 1531. Il fut remplacé comme conseiller par Raymond de Fayard, que nous verrons plus loin, à l'entrée du roi de Navarre, juge-mage de Périgueux en 1529.

François de Belcier avait un frère, Martial de Belcier, qualifié d'écuyer, seigneur de Labatut, juge prévôtal de l'Entre-deux-Mers, marié avec Blanquine Eyquem de Montaigne, tante du célèbre philosophe.

En 1549, les 28 juillet et 11 novembre, nous voyons les Etats de Périgord, convoqués à Mussidan, à cause de la peste qui régnait à Périgueux, présidés par Jean de Belcier, juge mage, lieutenant general *natif* (sic) civil et criminel de la sénéchaussée de Périgueux. C'était probablement un frère où un neveu de

nombre de gens de ladicte ville et un certain nombre
de gens de pied vestus à livrée, auquel pour sa nouvelle
venue [on offrit] dix charges vin', deux douzaines de
torches, quatre charges d'avoyne, quatre douzaines de
voullaille, vingt livres de succre, ung veau, deux
douzaines chappons, deux livres despice (1).

---

notre |Premier-Président. Cette famille parlementaire se divisa
plus tard en 'deux branches : les seigneurs de Fontenilles en
Périgord, et les barons de Coze en Saintonge.

(1) Nous ne pouvons résister à l'envie de citer un fait impor-
tant pour l'histoire du parlement de Bordeaux, qui a été ignoré
de M. Boscheron des Portes, son historien. Dans le même
manuscrit |qui nous donne|l'entrée à Périgueux du Premier-
Président, on lit :

« En la present |année (1519) Messeigneurs tenant la Court
» de Parlement à Bourdeaux, obstant l'empeschement de peste
» que estoit en ladicte ville, vindrent expedier leur dicte court
» en ceste ville (Périgueux) et commencèrent le lendemain
» Sainct-Martin dyver durant jusques a Pasques, ausquelz sieurs
» fust ordonné par le Conseil leur estre donné scavoir est ; aux
» Presidens une] pipe [de vin et aux Conseillers, Advocat et
» Procureur du Roy, greffier, chascun une barrique ; aux
» secrétaires autant, ce que fust faict et exéquté comme dessus ».

Quatrième Entrée.

ENTRÉE

D'HENRI D'ALBRET

ROI DE NAVARRE

(10 JANVIER 1530 N. S.)

Q UANT le clair Soleilh, fils de Hypérion (1) et nepveu de Titan, faisant son cours parmi le Zodiaque et se tornant ez parties meridionnalles, heust oultre passé le froid et sec capricorne et

---

(1) Hypérion, fils d'Uranus et frère de Neptune, par son mariage avec Thya, fut père du Soleil, de la Lune et de l'Aurore.

actainct l'humidite et chaleur naturelle de Aquarius, signe yvernal, et le dixiesme jour du moys dedyé a l'antique portier des Dieux, Janus (1) lan de la salutiffere incarnation mil cinq cens vingt neuf, Messieurs les maire et consulz (2) de Perigueux advertis par lettre missive a eulx envoyée par très hault et illustrissime Prince le Roy de Navarre (3), Gouverneur de la duché

---

(1) Janus a donné son nom, *Januarius,* au premier mois de l'année, janvier. On le représentait tenant une clef à la main et il présidait aux portes. De là ce surnom de *portier* qui n'avait pas au XVI⁰ siècle, la signification injurieuse et humiliante d'aujourd'hui.

(2) Les maire et consuls de Périgueux pour l'année 1529-1530 étaient : honorable Homme Raymond du Puy, dit Byngon, seigneur de La Garde; Pierre du Mas, licentié, premier consul, Jehan Bordes, Fronton Tortel, Aymeric Chalup, Etienne Bertin, Jehan Conche; et Pierre Pelon, pour la Cité. C'est évidemment le maire en exercice, Raymond du Puy, qui est le rédacteur de cette entrée, si curieuse à tant de titres. Il se complait comme à plaisir, dans les moindres détails de sa prose lyrique. Il passe facilement sous silence, les discours prononcés par l'évêque de Périgueux, le plus ancien des chanoines du chapitre et le juge-mage; mais il ne nous fait aucune grâce du moindre détail des siens. Il en prononce trois, un à l'arrivée; un second en faisant le présent de la ville; le troisième au départ. Sauf le second, qui renferme les allusions les plus délicates, les deux autres sont le signe le plus caractéristique du mauvais goût du temps. L'Ancien, le Nouveau Testament, mais surtout la mythologie sont très-largement mis à contribution.

(1) Henri d'Albret, roi de Navarre, comte de Périgord, vicomte de Limoges, fils de Jean d'Albret et de Catherine de Foix, reine de Navarre, après la mort de son frère François

de Guyenne pour le Roy, nostre Souverain Seigneur, que ledict Roy de Navarre, devoit prendre possession de sondict gouvernement et passoit audict Périgueux, sortirent hors ladicte ville, pour aller audevant de luy, sur le droict chemin d'Agonac (1), distant dudict Périgueux, de deux petites lieues, ou ledict Roy avoit disné ce jour, et environ demy heure devant Monsr le Juge maige (2), lieutenant genéral de Monsr le

---

Phœbus; né en 1503, roi de Navarre en 1516; marié le 24 janvier 1527 à Marguerite d'Angoulême, sœur unique de François I. Il avait été nommé gouverneur de Guyenne en janvier 1528. Il mourut le 25 mai 1555; c'est le père de Jeanne d'Albret, mère de Henri IV.

(1) Henri d'Albret, avait fait son entrée à Limoges, le sept janvier, et il en était reparti, le huit au soir, pour aller coucher au château de Lastours, chez son conseiller et chambellan Geoffroy de Peyrusse, seigneur des Cars. Il dut y séjourner le lendemain neuf pour aller le soir coucher à Thiviers, et en repartir le dix au matin, pour Périgueux, passant par Agonac.

(2) Raymon de Fayard, licentié ez droicts, juge-mage royal, lieutenant-général natif (sic) civil et criminel de Périgueux. Il l'était dès 1519, date à laquelle il vendit, au nom du Roi, la justice de Bergerac, aux consuls de cette ville. Le 2 août 1524, il convoqua et présida à Bergerac les Etats de Périgord. De très remarquables remonstrances lui furent présentées, au nom du pays, par le syndic des Etats, Antoine Boytie, père du célèbre Etienne de La Boétie, l'ami de Montaigne : on le voit, au XVIe comme au XIXe siècle, les noms changeaient, des propres pères aux enfants! (Histoire des Etats de Périgord, par le Président de M.) En 1531, comme nous l'avons dit plus haut à une note sur les Belcier, il fut nommé Conseiller au Parlement de Bordeaux et probablement remplacé par Jean de Belcier,

Senechal de Perigort, avecques Messrs les officiers royaulx et advocatz du sieige présidial, précédans les sergens du Roy, vestus de grands sayons (1) violes semes de fleurs de lis d'or, estoit aussi sorti aux champs audevant dud. seigneur, qui fut receu et salué par eulx en leur rencontre et arengué par mond. seign^r le Juge maige. Et bientost après, mesdictz seigneurs les Maire et Consulz, ornés de leurs chapperons, scavoir est, led. Maire, d'ung chaperon court de satin cramoisy et velours noir forré de menuz vers, et les Consulz, de chaperons a borlet de satin roge et noir, accompaignés de bourgeoys et marchans de ladicte ville et des officiers, tous a cheval et en bel arroy et autour dud. Mos^r le Maire, estoient les sergens de ladicte ville, avec leurs alebardes et leurs livrées, et auquetons d'orfevrerie, ausquelz estoient insculpées les armes de ladicte ville, et deux lacays en perpoinctz et chausses diversicolores, semés de vaches, qui sont partie des armes dudict Roy de Navarre, tenoient la main sur la croppe de la mule dud. Seigneur maire, rencontrarent led.

---

proche parent, sinon frère du conseiller. Les offices de judicature étaient à cette époque de véritables propriétés de famille qui se transmettaient de père en fils, d'oncle à neveu et même de cousin à cousin.

(1) Sayons, saie, du latin *sagum*, vètement de guerre des Romains, des Perses et des Gaulois; au XVIe siècle, c'était une espèce de casaque mise par dessus les vètements.

Roy a l'endroict d'une croix appelee de Ferade (1)
auquel led. Maire proposa sa arangue en ceste manière :

« Puisque voyons presentement celluy duquel des-
» pand la asseurée spérance, transquilité et solaigement
» de nostre poure choze publique, très Illustre prince
» et invinctissime Roy, comme ravys en estase de joye
» desmesurée et esbeloys de vostre irradiante lumière,
» perdons toute contenance et nous semble que retor-
» nons en l'aige douré, auquel estions maintenus, par
» la glorieuse auctorité de feuz de celeste et immortelle
» memoire, voz pere (2) et ayeul (3), que Dieu absoille,
» l'ombre desquels en leur vivant, nous estoit tant
» heureuse, doulce et fructueuse, que nous reputions en
» plus grande felicité confitz, que toute aultre nation
» régie et gouvernée soubz aultre prince et seigneur;

(1) A environ un kilomètre de Périgueux, sur la route de
Limoges, la carte de Cassini mentionne un village appelé la
Croix ferrée.

(2) Jean, sire d'Albret, roi de Navarre, comte de Foix,
Gavre et Périgord, couronné roi de Navarre le 10 janvier
1494, dépossédé dudit royaume, pour la partie espagnole
au-delà des Pyrénées, le 25 juillet 1512, mort à Navarrens en
Béarn le 17 juin 1516. Il avait été marié avec Catherine de
Foix, reine de Navarre, sœur et héritière de François Phœbus,
dernier roi de Navarre de la maison de Foix.

(3) Alain, surnommé le Grand, sire d'Albret, etc., marié à
Françoise de Blois, dite de Bretagne, qui lui apporta la vicomté
de Limoges et le comté de Périgord.

4

» car par eulx, des procelleux et tempestueulx vents
» d'oppression, estions préservés, et de l'amour et
» obeyssance correspondants que leur portions, entiè-
» rement recompensez; en sorte qu'il n'y avoit riens en
» ce ciècle tant a commandement que liberté, ne plus
» esloigné de nous, que servitude, par justice et egualle
» balance, tout estoit régi et governé et par dolceur
» et benignité tansquille et paciffié. Que diray-je plus?
» Leurs vertus, prouesse et magnanimité ont esté de si
» grande efficace vertu que nous ont produict et laissé
» la gloire de leurs chevaleureux et admirables faictz,
» pour embelissement perpetuel, et que plus est, nous
» ont illustrez de Vostre Royalle Maiesté, héritière
» non seulement de leurs biens transitoires, mais aussi
» de leurs vertus et gestes immortels. Car il n'y a celuy
» a spectacle royal de chevalerie, qui ne cognoisce bien,
» en vostre sacrée personne, oultre vostre perfaict
» naturel, la atemperance, providence et maturité
» Palladienne (1) de feu monseigneur vostre ayeul, la
» fermosité et magnanimité Jovyenne (2) de feu bon
» Roy, vostre père, a l'exemplaire desquelz seres
» enclins sainctement nous régir, gouverner, entretenir

----

(1) De Pallas, déesse de la sagesse, des arts et de la guerre.
La ville d'Athènes était placée sous sa protection, et on
l'appelle encore la cité Palladienne.

(2) De Jovis, Jupiter, le maître de l'Olympe et des Dieux. On
dit encore aujourd'hui, gravité, majesté Olympienne.

» en noz franchizes et libertés, et nous deffendre de
» servaige et oppression. Et telle inclination debon-
» naire, asseurons en vous, à l'advenir, par l'expérience
» d'aulcuns actes ja passes, tochant le faict des garny-
» sons et aultres corvées longues et tédieuses (1) à recomp-
» ter, redondans (2) à la grande folle et tedieuse calamité
» de voz bons subjectz Périgordins, lesquelz estoient
» en voye de desespoir perpetuel, sans vostre humain
» et accoustumé secours. Or triomphe d'honneur royal,
» tant de vos susdictz bienfaictz que de votre joyeuse
» et à nous très heureuse visitation, vous rendre graces
» suffisantes n'est à nous, mais telle que pouvons,
» vous plaira accepter, et ne refuzer le service et usaige
» de noz personnes et biens, qui a tout honneur
» et reverence, vous desdyons, vous suppliant très
» affectueusement, Sire, nous retenir de voz plus
» plus humbles serviteurs, et extendre presentement
» vostre ceptre royal et gouvernement triumphant, à
» la tuition (3) et deffence de nos libertes ».

L'oraison dud Monsr le Maire conclue led. Roy de

---

(1) Vieux mot signifiant fatigant, importun, fastidieux.
(2) Rebondissant, rejaillissant.
(3) Garde, protection. Montaigne, un demi-siècle plus tard, écrivait encore : « Et les conserver à la tuition et service du pays ».

Navarre fust tout prest à faire la doulce responce que
s'ensuyt :

« Messieurs de Perigueux, puisqu'il a pleu au Roy,
» me bailler le gouvernement de vostre province et
» aussi comme Comte, mon intention est et a esté
» tousiours vous solaiger et garder de foulle pour y
» porvoyr, vous ay volu visiter, affin d'estre informê
» des affaires du pays, duquel ay grande compassion
» par le long sejour que les gens darmes y ont faict a
» mon desceu et grand desplaisir et vous assure, que
» ung peu de demeure avecques vous, me seroit grande
» consolation, si aultres affaires urgentes (1), ne me
» contraignoient vous laisser; mais en quelque part
» que soye l'ombre dilatée du bon vouloir que je vous
» porte, vous servira d'ung azille et quiete refuge a
» l'encontre de toute oppression ».

Et sur ce poinct, led. Roy de Navarre, reprint son
chemin devers lad. ville, tenent propoz avec led. Maire;
et incontinent après, rencontra les barons et nobles du
pays, en grande et belle compaignie qui le bienveni-

---

(1) Henri d'Albret avait été chargé, avec le connétable de
Montmorency, par le roi François Ier, son beau-frère, de
négocier le rachat des Enfants de France, otages de la rançon
du roi, en Espagne. Il réussit pleinement dans sa mission.

rent (1), et approchant encore d'icelle ville, led. Seigneur, trova audevant de luy, environ deux cens companhons, enfans de la ville, partie desquelz estoient armés de arnoys de corps, l'aultre de livrées de velours, l'aultre de satin, et les aultres de taphetas de diverses colleurs, bien garnys de arquebutes, piques, espées à deux mains et aultres arnoys distingués et bailhés selon les dictes livrées et bendes, et avoient desployé au vent quattre belles et grandes enseignes de taphetas. Et marcha lad. bende audevant dud. Roy dune gravité accordant aux sons des bedons (2) taborins de........(3) et fiffres, et à l'approche les arquebutes d'ung accord furent desarrées (4), et lors lung des chiefs de lad. bende accentua menutz chans royaulz, layz et vire-layz (5), aornes de colleurs retoriqualles de Polim-

---

(1) Du latin *bene venire*; lui souhaitèrent la bienvenue.

(2) Gros tambours semblables aux grosses caisses de nos musiques militaires.

(3) Le mot laissé en blanc est *suisse*. Les taborins de Suisse sont mentionnés dans une entrée que nous verrons plus loin. C'était un tambour assez plat. Les bas-reliefs du tombeau de François Ier à Saint-Denis représentant la victoire de Marignan sur les Suisses, nous en donnent plusieurs exemples.

(4) Déchargées.

(5) Vieille poésie française composée de petits vers, qui roule toute sur deux rimes. On en met plusieurs masculines tout de suite, en tel nombre qu'on veut, puis on y met une féminine ; après quelques couplets, on varie et on met plusieurs rimes féminines de suite et on y ajoute une masculine. Il faut que

ñya (1), la muse scientiffique, à la louenge dud.
seigneur et benediction de sa venue, que luy fust fort
agréable, et incontinent apres, luy vint audevant une
aultre bende desdictz enfans de ladicte ville revestuz
de diverses peaulx de bestes et animaulx quadrupedes
que on appelloit *la bende des ursins*, le capitaine
desquels fist aud. Roy, une arengue moult plaisante
en langaige Espaignol (2), et après avoir descendu
une petite montaigne, au pied dicelle et à la plaine
de ladicte ville, trova audevant de luy, Messrs les
Chanoynes et prebendiers des deux esglises catédralle
et collegialle (3), revetus de fins surpelins et riches
chappes; accompanhés de leurs choristes et clergé,

---

tous les vers soient égaux à la différence du lai où le vers
intercalaire est plus petit.

(1) Polymnie, l'une des neuf muses, celle qui présidait à la
poésie lyrique. Raymond du Puy, l'auteur de notre entrée
parait plusieurs fois s'en être inspiré. Voir plus bas le coucher
du soleil : « *Jà Phebus s'était baissé vers Occident et avait*
» *plongé ses chevaulx ardens es undes de Thetis!* »

(2) On devine facilement ici une allusion politique. La
maison d'Albret, depuis 1512, époque de sa dépossession de la
partie de la Navarre, située au-delà des Pyrénées, n'avait cessé
de tenter de la réconquérir. Henri d'Albret, comme son père,
fit de grands sacrifices dans ce but. On ne pouvait prendre un
chemin plus délicat pour aller droit à son cœur, que de se
moquer des Espagnols dont ses ancêtres et lui-même avaient
tant à se plaindre.

(3) Saint-Etienne en la Cité et Saint Front, l'antique monastère où reposait l'apôtre du Périgord.

honnestement habituez à tous leurs riches croix, et marchoient en forme de procession après, les mendiens et religieux des coventz dud. Périgueux, et illec led. seigneur se arresta attentif à une arengue de hault stille, que lung des anciens desdictz chanoynes, luy prononca en bonne et plaisante gravité. Et tirant oultre ung peu, fust led. s.^r salué de l'artilharie qui canonoit merveilheusement bien, et approchant de la porte de ladicte ville, appellée la Limogane (1), luy vindrent audevant dix huict petis enfans de lad. ville, de leaige de dix ans et au dessoubz, ayant les aulcuns perpoinctz de taphetas blanc, et les aultres aubrigons de satin blanc, les bonetz, chausses et soliers de mesme colleur, et portoient en leurs mains, chescung un rameau de sauyn (2) approchant à la similitude de la palme, et aud. rameau pendoient en escusseaulx les armes du Roy, dudict seigneur et de la ville, et chacun desdictz enfans lung après laultre, le salua par ung petit lay et distice (3) que tout ensemble, se resolvoit en composition de rondeaulz (4) bien composez, et à la fin crioient : Vive

---

(1) Ainsi nommée parce que les voyageurs allant de Périgueux à Limoges ou en revenant, la traversaient.

(2) Ne faut-il pas lire sauge ?

(3) Nous avons vu plus haut la signification du lai. Le distique se composait de deux vers renfermant un sens complet, surtout lorsque l'un est hexamètre, l'autre pentamètre (cinq et six pieds).

(4) Petit poème nommé aussi triolet, où le premier ou les premiers vers reviennent au milieu et à la fin de la pièce.

le Roy de Navarre, nostre Gouverneur! Et tout incon-
tinènt, se myrent en avant, quattre desdictz mess^rs les
Cònsulz, honnestement habituez (1) avecques leurs chapperons, tels que dit a esté, qui luy presentarent
révéremment ung beau poyle, my parti de damas noir
et satin rouge, avecques grandz pandans de soye de
mesme colleur, ou estoient affigées d'ung costé, les
armes du Roy, et de l'autre celles dud. seigneur, et au
mylieu, celles de ladicte ville, et les quattre bastons
qui soubstenoient led. poyle, estoient semés de grandz
fleurs de lyz et hermynes (2), soubz lequel poyle,
lédict seigneur se myst, tenent joyeuse et hillaire (3)
contenence, et pour ce que jà Phebus (4) s'estoit baissé
vers ocident et avoit plongé ses chevaulx ardens es
undes de Thétis, l'on heust sur la nuict grand quantité
de torches alumées à lad. porte, qui rendoyent si
grande clairté par les rues que le soleilh heust peu fáire
sur le mydi (5), joinct aussi, que ny avoit maisons es rues

---

(1) Ce mot *habituez* pour *habillés* se rencontre également
dans l'entrée du roi de Navarre à Limoges, le 7 janvier.

(2) Ce poële ou dais avait dû servir à d'autres entrées ,
notamment à celle de Françoise de Bretagne, femme d'Alain
le Grand, sire d'Albret, qui porta à son mari la vicomté de
Limoges et le comté de Périgord. On s'explique ainsi la
présence des hermines, blason de la maison de Bretagne.

(3) Du latin *hilarus*, gai, de belle humeur, enjoué.

(4) Apollon, dieu du soleil et de la lumière.

(5) Nous avons été déjà frappé de la similitude d'expressions

ou ledict seigneur passa, qu'il ne y eust torche alumée, et aultres lumynaires aux fenestres. Et en telle procession et compaignie dessus déclairée, sen entra en lad. ville, precedant aussi un grand nombre de trompettes, bucines (1), hauboys, taborins et aultres divers instrumens, produysans très dolce et accordante resonance. Et incontinent après ledict seigneur, alloit tousiours ledict Maire a cheval avecques le seigneur des Cars (2) et les aultres gentilzhommes venoient après en belle compaignie.

Et fault noter, que toutes les rues ou il passoit, estoient richement et curieusement tapissées et a

entre les Entrées de Limoges et de Périgueux. Ici c'est une phrase presque textuellement copiée. Nous lisons en effet dans les registres consulaires de Limoges que la ville avait été si bien illuminée « qu'on voyoit marcher si clerement comme si il heust esté jour ».

(1) Grande trompe, d'un mètre et plus de longueur, légèrement courbée, étroite à l'embouchure et s'élargissant à son extrémité. Elles étaient en bois, en cuir bouilli, en laiton.

(2) Geoffroy de Perusse, chevalier, seigneur des Cars et en partie de Las Tours, conseiller et chambellan du roi de Navarre. Il avait été fait prisonnier avec ce prince à la bataille de Pavie, et lui avait prêté 30,000 écus pour payer sa rançon. Cette famille était en grande faveur près de la maison d'Albret, depuis le mariage de Françoise de Bretagne avec le sire d'Albret. C'était en effet un seigneur des Cars qui était le tuteur de cette princesse, aux termes d'une très curieuse délibération des principaux seigneurs du Limousin du 4 juin 1470 (Archives des Basses-Pyrénées. — Papiers Bosvieux, Archives de la Haute-Vienne).

chesque carrefour de rue, estoit ledict seigneur salué
de acquebutz, arquebutes a crochet (1) et aultres petites
pièces; et lesdictz enfans qui le precedoient a pied
immédiatement, cryoient comme dessus : Vive le Roy
de Navarre, et quand il fut a l'endroict de la Halle,
appellée le Coderc, il se arresta un peu pour arregarder
et ouyr l'histoire des Troys Roys (2) que on y jouoyt

_____

(1) Des mots flamands *haken*, croc, et *buchse*, canon d'arme
à feu. L'arquebuse à croc ou à crochet, ainsi appelée du croc
qui servait à la maintenir sur un chevalet, au moment du tir,
date du milieu du XVᵉ siècle. Elle avait été précédée par
l'haquebutte dont l'étymologie parait flamande. Charles le
téméraire avait des haquebuttes dans ses armées et Commines
en parle dans ses mémoires. De France, elle passa en Italie et
y fut fort perfectionnée sous le nom de : *arco boqio, arc* à *trou*,
qui devint *arquebuse* et revint en France avec le nouveau nom
arquebute ou arquebuse. Après Pavie où « *les Espagnols firent
rage contre les Franceais* », à l'aide de la grande et petite
arquebuse, on prescrivit, à toutes les villes du royaume, dans
un intérêt de défense nationale, de se pourvoir d'arquebuses ;
mais le commerce ne put suffire à tous les besoins et pendant
plusieurs années, les vieilles haquebuttes furent portées concur-
remment avec les nouvelles. Ainsi nous est expliquée, la
présence à Périgueux et simultanément des vieilles et nouvelles
armes. C'est ce qu'a établi fort bien le savant directeur de
l'Ecole des Chartes dans son histoire du costume (QUICHERAT,
Histoire du Costume, p. 314).

(2) C'est le célèbre mystère des trois rois mages venant adorer
le Sauveur dans son berceau. Les mystères ont été l'origine du
théâtre moderne. Celui des trois rois est incontestablement le
plus ancien. On a dernièrement retrouvé sur le feuillet de garde
du psautier de Charles-le-Chauve, un fragment de ce mystère

sur ung echaffault en grand pompe et magnifficence. Et de là fust mené devant la grand porte de lesglize mons^r Sainct-Front, ou il descendit à pied et illec trova Reverend père en Dieu Monsr levesque de Perigueux (1) en son pontiffical, accompanhé dung bon nombre de chanoynes richement enchappés, par lequel fust salué et receu par une elegante arengue qu'il fonda sur ce dit evangelique

« Et nos qui reliquimus omnia et secuti sumus te, quid ergo erit nobis! » (2)

Lesquelles paroles il fist tomber par subtille exposition et saige sur la personne et louange dudict s^r, et ce faict il sen entra à la conduicte dudict Evesque dedans ladicte esglize, ou luy fusrent montrés les chiefs Messrs Sainct-Front et de Saincte Mémoire et aultres belles

---

remontant au XIe siècle (*Bibliothèque de l'Ecole des Chartes*, 1873, p. 657). A Limoges, également, plusieurs mystères furent joués à l'entrée du roi de Navarre.

(1) Jean III de Plas, ou de Place, évêque de Périgueux le 10 novembre 1524, y fit son entrée solennelle le 25 avril 1525 accompagné des barons de Bourdeille, Mareuil, Biron et Beynac. Transféré à Bazas en 1532 par suite de permutation avec Foucaud de Bonneval.

(2) Cette citation de l'Evangile selon Saint Mathieu, chap. XIX, v. 27, n'est pas tout à fait exacte : *ecce* nos reliquimus omnia et secuti sumus te, quid ergo erit nobis ? « Voici que nous avons tout quitté et que nous vous avons suivi ; quelle sera donc notre récompense ». Paroles de Saint Pierre à Notre Seigneur.

reliques qu'il vollust bien visiter, et sa devotion faicte, s'en torna sortir par mesme porte, et remonté sur son cheval, s'en alla par la Claustre, ou il trova sur ung eschaffault, ung jeune homme jouant singulierement bien d'une espinette organysée (1) et des jeunes enfans qui tenoient leur parti dessus que faisoit bon et plaisantement ouyr, et delà s'en alla par la grande rue, sortir a la porte de Talhefer (2), à l'issue de laquelle fust salué par grand nombre de grosses pièces d'artilherie,

---

(1) Instrument de musique composé d'un coffret de bois le plus porreux et le plus résineux qu'on peut trouver; d'une table de sapin qui est collée et appuyée sur des tringles qu'on appelle sommiers, qui posent sur les côtés qu'on appelle les parois. L'espinette joue par le moyen d'un clavier composé de quarante-neuf touches, qui sont autant de morceaux de bois longs et plats, arrangés selon l'ordre des tons et demi-tons de musique. Quand on les touche par un bout, elles font élever un sautereau qui fait sonner les cordes par le moyen d'une pointe de plume de corbeau dont il est orné. C'est de là que lui vient son nom à cause des petites pointes de plumes, qui tirent le son des cordes et qui ressemblent à des *épines*.

Le jeu de l'épinette était parfois compliqué d'un second jeu à l'unisson et d'un autre à l'octave, pour en tirer plus d'harmonie. C'est probablement à une épinette de ce genre qu'il est fait allusion en la qualifiant d'*organisée*. Le clavecin a remplacé l'épinette et a lui-même été remplacé par le piano. On dit encore aujourd'hui, en signe de dédain, en parlant d'un mauvais piano, *quelle épinette !*

(2) C'est encore le trajet que l'on suivrait aujourd'hui pour se rendre à la Cité où était le palais épiscopal.

que estoient en la tour de Mateguerre (1), et s'en alla
tout droit descendre en la maison episcopalle a la Cité.

Le lendemain qui estoit ung mardy unziesme jour
desdict moys et an, après disner, mond. s^r le Maire
accompaigné de mess^rs les Consulz et des bendes
susdictes des enfans de la ville, marchans en bel ordre,
s'en alla au logis dudict Seigneur, luy presenter de par
ladicte ville, ung beau rubis de grande valleur et
étimation, enchassé en or et environnê de bon nombre
de grosses perles orientalles; autour de laquelle enchas-
seure y avoit six chainons d'or, a chascung desquelz
pendoit la plus grosse chastanhe (2) que on avoit peu
trover, enchassée aussi en fin or de ducat tout autour,
et estoit ung peu descouverte seullement des deux
costés que on pouvoit voir quelque petite apparence de
la forme dudict fruict; et dessus la partie descouverte
estoient ses armes a petis escussons portraictés d'or,
subtillement esmailhé; le tout, tant bien compozé que

---

(1) Il s'agit ici de la fameuse tour Mataguerre, l'un des plus
vieux vestiges des fortifications du vieux Périgueux et de son
indépendance municipale. Le manuscrit porte toujours *Mateguerre* et non *Mataguerre*, comme aussi *Talhefer* et non
Taillefer.

(2) Le fruit national du Périgord. On ne pouvait faire, en
offrant ainsi six grosses chataignes naturelles si merveilleusement ornées, une plus touchante allusion à la pauvreté naturelle
du pays, au cœur excellent de ses habitants, qui offraient tout
ce qu'ils avaient de meilleur et aussi de plus riche.

on l'heust jugé avoir esté plus tot forgé par le déifique fabre Vulcanus (1), que par operation humaine. Et estoit ledict joyau dans une grande tasse d'argent bien ouvrée a grandz foilhages dorez couverte de satin roge et noir, et pardessus led. satin y avoit force oeilhetz, violettes de mars et aultres fleurs plus flairans et odorifferentes que basme (2) et avant la delivrance réelle dud. présent, led. seigneur Maire tenant lad. tasse en sa main, en la présence dud. sʳ lascha *(sic)* sa lengue en ces termes :

« Il a semblé aux habitans de ceste ville, se reputans
» gloriffiés, par vostre debonhaire visitation, Prince
» très Auguste, qu'ilz seroient trop ingratz sils n'obser-
» voient envers vous la coustume antique des très
» celebres présens, que estoit de jamais ne se presenter
» à la haultesse du Roy les mains vagues de présens,
» non pour leur avarice, mais pour lobservance et
» supréme reverence. Et pour ce advertis que le
» fruictaige vous duyt (3), non ayans fruict, entre tous
» ceulx que les nymphes amadriades leur produysent,
» plus doulx ne gratieulx duquel vous puyssent faire

---

(1) *Fabre*, traduction du latin *faber*, forgeron, encore aujourd'hui en patois ou plutôt langue romane, *faure*.
(2) Baume.
(3) Du latin *decet*, vous plaît.

» plus honorable present que chastanhes, vous en font
» offrir demye dozaine par moy vostre perpétuel
» esclave. Et jacoit (1) quilz scaichent bien que le
» présent ne soit correspondant au bienfaict, totesfois
» se confient tant en la grandesse de votre immense
» liberalité que elle aura esgard au bon volloir qu'ilz
» vous portent et a leur grande poureté (2) causée tant
» de la sterilité des années précedentes que des garny-
» sons quilz ont heu longuement et d'aultres pernicieux
» affaires, qui vous doibvent movoir a accepter le
» présent de tel cueur quil vous est présenté et user
» d'ung gracieux recepvoir que nest moindre vertu que
» le liberal donner. Pourquoy, Monarque d'Aqui-
» taine (3) triumphant, vous suplie prendre et garder
» le don offert en demonstrant la splendeur de vostre
» grandesse, et consequemment conserver la vraye
» servitude de ceulx, qui entre toutes creatures, vous
» ayment et honorent ».

———————

(1) Signifie : quoiqu'ils sachent.

(2) Ceci confirme bien ce que nous disions à la note 2, p. 37.

(3) Ancien nom de la Guyenne, dont Henri d'Albret venait
d'être nommé le gouverneur. Par les comtés de Foix, de Gavre,
de Bigorre, de Périgord, les vicomtés de Limoges et de Béarn
(cette dernière possédée en toute souveraineté), Henri d'Albret
régnait, sauf l'hommage au roi, dans une partie de l'ancien
royaume d'Aquitaine. Les populations du Midi avaient toujours
gardé au fond de leur cœur, d'ardentes sympathies pour leur
ancienne autonomie. Nous avons déjà vu, à l'entrée du duc

Et encores prononçoit led. Maire le dernier mot quil bailha lad. tasse, après l'avoir baisée (1) aud. Roy avec le joyeau, que fust a grande joye par ledict Seigneur prins, et remerciant fort affectueusement lesdictz Maire et Consulz et monstra bien qu'il avoit prins plaisir audict don, car incontinent, par singularité, il envoya par le poste (2) a super illustre princesse, la Royne de Navarre, sa très chère compoigne et loyalle expoze; et oultre ledict présent ladicte ville luy avoit donné force vin et ypocras, torches et espicerie.

Pource que la fin dudict propoz de Monsr le Maire tumba sur l'heure de vespres ledict Roy partist de son logis, accompaigné dud. Maire et de ses gens et lesd. bendes susdictes alloyent devant luy en l'ordre quilz estoient le jour précedent a son entrée, et s'en alla

Charles de Guyenne, combien avait été vive l'explosion de ce sentiment.

(1) Baiser un objet en l'offrant était une marque de respect. On observe encore cette coutume dans la liturgie : ainsi quand on donne à baiser l'instrument de paix, quand un chanoine offre à l'évêque l'aspergeoir, etc.

(2) *Le* poste et non *la* poste, comme nous l'avions lu d'abord sur le manuscrit original. *Poste* doit être pris ici comme synonyme de *laquais*. Le Prince avait été si touché de l'attention délicate de la ville et de son magnifique présent, qu'il chargea immédiatement quelqu'un de sa suite, d'aller en informer la reine, peut-être même de lui remettre le joyau. Il ne faut pas oublier que cette princesse était Marguerite d'Angoulême, sœur unique de François Ier, alors toute puissante à la cour.

ouyr vespres en lesglize de Monsr Saint-Front. A l'issue
de son dict logis, trova une belle dance de jeunes
enfans et filhes de la ville en belles livrées, qui dansèrent
merveilleusement bien devant ledict Seigneur plusieurs
branles compassés ou il print grand plaisir et ce jour
mesme, allèrent a sond. logis tant après disner que
souper. Diverses bendes desdicts enfans de la ville
bailhèrent aud. Seigneur plusieurs passetemps comme
en dances, abilleté (1) de corps et aultres plusieurs
joyeusetés que seroient longues a raconter. Et ne fault
obmettre que tant que led. s^r demeura aud. Périgueux,
il fust canoné de l'artilherie a toutes les heures quil
levoit du lit, quil se mettoit a table et en levoit et quil
s'en alloit cocher et pour ceste cause y avoit gens
expressement deputés par lesdictz Maire et Consulz,
pour advertir le maistre de lartilherie desdictes heures;
et ne cessoit on de se esvertuer a faire tousiours
quelque esbatement que fust agréable aud. s^r.

Le lendemain que estoit le mescredi XIIe jour dud.
moys, led. Seigneur delibera de boger après disner
pour aller coucher au chasteau de Montanceys (2),

---

(1) Exercices de corps.

(2) Le château de Montanceys, sur la route de Périgueux à
Bordeaux, appartenait à une branche cadette de la maison de
Bourdeille. On voit encore les restes de l'ancien château admira-
blement réparé et attenant à une belle construction moderne,
au-dessus de la ligne du chemin de fer.

distant dud. Périgueux a deux grandz lieues, et de ce
advertis lesdictz Seigneur Maire et Consulz, se estu-
diens tousiours congratuler aud. Roy, partirent a
cheval a tous leurs chapperons avant luy dune heure,
accompaignés de plusieurs aultres gens davantaige
officiers borgeoys et marchans de lad. ville, bien montez
et en bon ordre, et menarent avecque eulx une bende
de piquiers portans colletz de cuyr blanc, et lesdictz
jeunes enfans et aultres compaignons vestuz de livrées
de soye avecques leurs enseignes, trompettes, taborins
de suyces (1), fiffres et les menestriers ; et dung trein
firent charroyre la plus grande partie de lartilherie
avecques eulx, et l'aultre partie laissarent sur les fossés
audevant lad. tour de Mateguerre, et a la veue du logis
dud. Seigneur pour luy dire adieu a son deslogement,
comme fust faict. Et sen allarent lesdictz Maire et
Consulz en tel arroy (2) a grosse demy-lieue de lad.
ville et jusques a ung petit boys, qui est sur le chemin
par ou led. Roy debvoit passer, et là firent dresser par
ung quasi super naturel artifice, une fontaine au pié
du premier et plus apparent arbre dud. boys, a laquelle
le Dieu Bacus fust tant propice que elle gettoit par
deux tuiaulx et griffons ypocras et d'ung vin claret
naturel plus delicieux que la potion nectarée des Dieux,

(1) Suisses.
(2) Equipage.

ne que tout aultre que led. Roy heust beu en lad. ville, et si en avoit bien de singulièrement bons.

Et hors led. boys, du long des deux costez dudict chemyn, firent dresser des tentes et pavilhons et faire grandz feuz audevant, comme ce heust esté ung camp de guerre; et du long des fossés qui estoient a dextre (1) et senestre (2) dud. chemyn, firent ranger toute l'artilherie, et y mirent gens pour la garder, ensemble des acquebutiers outre lesdictz artilheurs, et firent musser (3) en embusche, bien avant dedans led. boys, les piquiers et aultres gens a pied ayans leurs enseignes pliées en tel ordre que sil fust question de faire quelque premeditée surprinse pour chouquer (*sic*) son ennemi : et mesdictz seigneurs les Maire et Consulz se misrent avecques les gens a cheval, de l'aultre costé dedans led. boys; et entre eulx et l'artilherie, estoit située lad. fontaine qui ne cessoit de faire son industrieuse operation; et les trompettes et menestriers se enjucharent (4) sur les arbres assez près les uns des aultres. Et en attendant ainsi la veneue dud. Roy, lon fust adverti par le guet a ce commis qu'il estoit bien près; et ainsi quil approchoit dud. boys et quil fust au mylieu

---

(1) A droite.
(2) A gauche.
(3) Cacher.
(4) On dit encore *jucher*, pour se percher.

de l'artilherie, on la commenca a dessàrer (1) par si grande impétuosité que elle estona les chevaulx et les gens du Roy qui nestoient advertis de lentreprinse ne led. Roy mesmes, si nest par quelques parolles couvertes, que ung gentilhomme de sa compaignie luy dist asses près dud. boys; et lors, les trompetes et les taborins de suyce sonarent une chaulde alarme a laquelle les menestriers accordarent la résonance de leurs hauboys, fluctes, rebecs (2) et aultres instruments desquelz la noyze et retentissement estoit si grand que a peine heust on ouy Dieu tonner; car encores a la cadance (3) du dernier son respiratif, la nymphe Echo, jadis amoureuse de Narcissus, mussée (4) dans led. boys tousiours respondoit. Et incontinent après que l'artilherie heust cessé, lesdictz piquiers et aultres pietons sortirent dud. boys, leurs ensenhes desplies et approchant en bonne braveté dud. sᵣ, croisans leurs piques pour le arrester et de l'aultre costé et a la transverse, led. Monsᵣ le Maire avec ses gens a cheval, broncha (5) des esperons tant qu'il peust et se getta entre led. sᵣ et lesd. piétons et ung chascung des

----

(1) Décharger. Nous avons vu déjà l'emploi de ce mot.

(2) Espèce d'ancien violon. Le joli vitrail de Saint-Silain publié dans le *Bulletin* de la Société historique et archéologique du Périgord en donne un dessin exact.

(3) A la chûte, à la fin; du latin *cadere*, tomber.

(4) Caché.

(5) Piqua.

assistans tenent sillence, adressa audict s^r son propos
tel que sensuyt :

Mane nobiscum domine quoniam ad vesperassit et inclanata est jam dies (1)

MARCI   CA.

« Il vous plaira ne vous esmerveilher, fleur de royalle
» tige, de lembusche que aves presentement rencontrée
» et ne la attribuer a deception ne a malice procedant
» de nous contre Vostre Royalle Maiesté, mais a vostre
» tant soubdain et a nous inopiné departement qui a
» causé ez cueurs Perigordins une vehemente suspection
» et jugement que ne me suys asses estudié a comman-
» der lexecution sumptueuse de lordre, honneur, sol-
» lempnité, traictement et serimonie appartenent à
» Vostre Sacrée personne; tellement, que craignent leur
» reproche et murmure, quilz ont contre moy conspiré,
» suis esté contrainct, me rendre fuitif et proffugue (2)
» de la ville, et me retirer avec ce petit de gens que voyez,
» devers le silvestre et forestier Dieu Silvanus (3), en
» ce petit boscaige, de dolleur et desplaisir, duquel ay
« faict bondir et dessarrer contre vous, les fermes

_____

(1) Restez avec nous, Seigneur, car il est déjà tard et le jour
est sur son déclin (Evangile selon Saint Luc, chap, XXIV, v.
29, et non selon Saint Marc, comme l'indique par erreur le
manuscrit).

(2) Fugitif et transfuge.

(3) Sylvain, dieu des forêts.

» canons d'honneur et révérence, les trompetes et
» clairons de fervente et integralle dilection, avecques
» cette humble requeste et retenacle (1) evangelique,
» jadis dressê par les pelerins de Esmaulx (2) au Roy
» des Roys, que jay pressupozé :

mane nobiscum domine.

» Sire, nous vous supplions nous faire ceste tant
» desirée grace de seiorner encores ung peu avecques
» nous, car vostre presance nous sert d'une lumiere
» inestimable, a suyvre la directe voye et sentier des
» vertuz.

» Aultrement, *advesperacit*; vostre absence nous
» laisse en tenèbres de doeilh et de destresse; lyesse (3)
» nous habandonne et tristesse nous reprend. Et
» l'inclination de la lumière titanique, plaisante et
» joyeuse, par la cadance (4) et source de la tenebreuse
» nuict de desolation, nous baigne au jus de socis et
» melancolies, et nous esgare de vertueuse operation.
» Et, sil ne vous plaict accorder la demeure, a tout le
» moins, en admettant l'excuse de nostre imbecillité et

---

(1) *Retinaculum*, tout lien, toute attache.
(2) Emmaüs, bourg éloigné de 60 stades de Jérusalem où
Jésus-Christ apparut à deux de ses disciples.
(3) Terme synonyme de gaîté, de joie.
(4) La chûte; de *cadere*. Voir note 3, page 44.

» petitesse dengin (1), que auroit obmis l'honneur et
» recueilh a vous appartenent, plaise a Vostre Royalle
» Maiesté, nous communiquer une sintille (2) de vostre
» suave et debonhaire grace, que me servira d'un sauf-
» conduict pour m'en retorner a lad. ville et imprimer
» ez centres de vostre ame perfectement organisée, en
» faveur et solaigement du poure (3) peuple, une
» perpetuelle mémoire de voz plus humbles serviteurs
» et obeissans subiectz, lesquelz pryent le souerain
» dominateur, vous donner les ans Nestoriens {4},
» illustrez de transquille felicité ».

Ledict Seigneur fust prompt en response de declarer
dune dolce eloquence et voix armonyeuze plus que la
lyre d'Amphion (5), la bonne reputation et contente-
ment, quil avoit desdictz habitans, et excusa son reffuz
de plus long secour, sur les affaires du Roy, nostre
Soverain, de lexeqution desquelz la celerité luy avoit
esté recommandée; mais mectant la main sur sa

---

(1) Engin est ici synonyme de moyen.
(2) Un centième.
(3) Pauvre.
(4) Nestor avait vécu trois âges d'homme, d'après Homère.
De là l'expression Nestorien, l'âge de Nestor.
(5) Aux sons de la lyre d'Amphion, furent bâtis les murs de
Thèbes ; c'est-à-dire que les pierres elles-mêmes étaient touchées
de ses accents et venaient se ranger autour de la ville.

poitrine, jura sa foy de gentilhomme que, en quelque part quil fust, il se estudieroit a faire tout le plaisir qu'il pourroit ausd. habitans et auroit leurs affaires en singulière recommandation ; et ne se povoit assés ledict s^r, saoulher de remercier ledict mons^r le Maire, en general et particulier, dune grande dolceur et benignité, accompaignhée d'humilité, oultre passant le merite du subiect passif auquel se adressoit.

Et cependant les verres et hanaps furent seringuez *(sic)* deaue claire, procédant des sorces cristallines des nymphes nayades, et remplis de vin et ypocras et presentés aud s^r, et a ses gens, par les jeunes innocens, vestuz de blanc, en supréme beaulté esgaulx, et qui en leur office, sembloyent representer le bel eschanson des Dieux Ganymédes; et au présent de l'ypocras, ung jeune compaignon, vestu de peaux de lièvre en forme de cinge (1) et du satyre Marcias, saultant et tripudiant (2) sur l'arbre de la fontaine, leur gettoit et administroit le mestier en grand abondance, comme oblies et cornetz sucrez, lequel cinge, apperceu dud. s^r, luy provoca une risée et plaisir fort grand. Totesfois il ne vollust boire pour lors, mais tous ceulx de sa bende beusrent et mangearent du pain et du suave fruict des

---

(1) Singe.
(2) De *tripudium*, sorte de danse, de bonds de joie.

pommes et poires que la nymphe amadriade Pomone (1), avecques sa compaigne, avoit administré aud. camp par quelques ministres paisans; et ceulx qui oultrepassoient lad. fontaine sans boire, on les contraignhoit retorner, a force de prières, a lad. fontaine boire.

Cela faict, lesd. acquebutes rechargées, firent leur reiteré debvoir avecques les buccines et trompetes et aultres instrumens; et sur ceste resonnante noise, led. sr disant derechef adieu ausd. srs Maire, Consulz, et a leur compaignie, reprinct son chemyn aud. Montanceys et de la a Bordeaulx (2).

Ie prie a Dieu le volloir conduire.

----

(1) Pomone, déesse des fruits.

(2) Nous avons vainement recherché des traces de l'Entrée à Bordeaux du roi de Navarre. En revanche, nous avons trouvé aux registres consulaires de Limoges, le procès-verbal de l'entrée d'Henri d'Albret dans cette ville, qui eut lieu le 7 janvier. Nous la donnons à l'appendice. En les comparant, on jugera de la différence des deux accueils. Autant celui des Périgourdins fut enthousiaste, autant celui de Limoges fut froid et compassé. Les consuls qui plaidaient avec le roi de Navarre leur vicomte, ont bien soin la veille de son arrivée, de faire constater par devant notaire, que la présente entrée ne pourra en rien préjudicier à leurs droits.

Cinquième Entrée.

ENTRÉE

DU SÉNÉCHAL

CHARLES DE GAING

(16 FÉVRIER 1533 N. S.)

AUDICT an (1532), le seziesme jour de febvrier, Charles de Gueing (1), escuyer, seigneur de Linars, Seneschal en Périgort, fist son entrée en la présent ville, et allèrent au devant de luy les

---

(1) Charles de Gaing, chevalier, baron de Linars en Limousin et chambellan du roi, était fils de Pierre et d'Antoinette de

seigneur Maire et Consulz jusques a lhermitaige du
Tholon (1) acompaignés de leurs juge, advocatz,
procureur, greffiers et autres bourgeois et notables
personnaiges de ladicte present ville, les six sergentz
de ladicte ville marchant audevant lesd. seigneur Maire
et Consulz avec leurs sayons de livrée et leurs auquetons
pardessus, ou estoient les armes de ladicte ville en
orphevrerye, tenans chescung une allabarde sur le
coul; et audict lieu fust moult honnorablement acueuly
par les susdictz seigneurs et habitans, et luy fist ledict
seigneur Maire (2) une moult belle petite arengue, et
après ledict seigneur Maire se mit a destre dudict
seigneur Seneschal, au devant marchantz lesdictz
sergentz de ladicte ville en la forme que dessus et le

Bonneval, fille d'Antoine et de Marguerite de Foix. Il était,
par conséquent, par sa grand-mère, proche parent du roi de
Navarre. Charles de Gaing avait épousé, le 27 janvier 1532
(1533, N. S.), Ysabeau d'Aubusson, fille de François, chevalier,
seigneur de Beauregard et de Castel-Novel et de Jeanne d'Abzac
de la Douze.

(1) Village et source remarquable, commune de Champsevi-
nel, près Périgueux, sur la route de cette ville à Limoges. Il y
avait en cet endroit outre l'ermitage dont il est ici question,
deux autres établissements religieux : 1o une léproserie dépendant de l'abbaye de Chancelade, située dans le voisinage ; 2o
un prieuré de femmes dépendant de l'abbaye de Ligueux. On y
voit encore les ruines d'une ancienne église (DE GOURGUES.
Dictionnaire topographique de la Dordogne).

(2) Jean Prévost, seigneur de Crognac, maire de Périgueux
en 1532-1533.

conduisist ledict seigneur Maire jusques droict du claux de la Jarte ou illec Reverend Père en Dieu mons^r levesque de Perigueux (1) lacuelit et se mist a la main destre dudict Seneschal et led. seigneur Maire à la senestre, non obstant quelques empeschemens que volurent faire Maistres Hélies du Puy, Jehan Seguyn, Pierre Borgon, conseilhers et advocat pour le Roy au siege Royal de Perigueux qui volurent preceder (2) lesdictz seigneurs Maire et Consuls, et volurent mettre

---

(1) Foucaud de Bonneval, second fils d'Antoine et de Marguerite de Foix, successivement conseiller du roi Louis XII et son aumônier ordinaire; nommé en 1510 évèque de Limoges, assiste en cette qualité au concile de Pise le 1 novembre 1511; évêque de Soissons en 1514 et de Bazas en 1528, qu'il permuta avec l'évêché de Périgueux. Il mourut en 1540 et fut enterré dans sa cathédrale. Son frère Charles, était évêque de Sarlat, et leur neveu, comme nous l'avons vu plus haut, était sénéchal du Périgord. On peut juger par ces divers rapprochements, avec quelle habile politique, la maison d'Albret faisait occuper par ses alliés, les plus hautes positions religieuses et judiciaires de son comté de Périgord (Marguerite de Foix, dame de Bonneval, fille de Mathieu, comte de Comminges et de Catherine de Coaraze, était cousine-germaine de Gaston IV, roi de Navarre, ayeul d'Henri IV).

(2) La même année, le 26 septembre à Limoges, à l'entrée du sénéchal de Montchenu, la même dispute pour la préséance eut lieu entre les consuls et les officiers de justice. Comme à Périgueux, elle fut tranchée en faveur des consuls « laquelle » chose voyant, les praticiens plièrent leur enseigne et se » esvanoyrent qu'on ne les vid plus ». *Registres consulaires de Limoges*, II, p. 217.

les sergentz de lad. ville audevant des sergentz
Royaulx; mais ilz furent bien reposses, car lesdictz
sergents Royaulx marchèrent devant et ceulx de la ville
après, audevant et auprès desdictz seigneurs Seneschal
et Maire. Et ne profista de rien le secours et ayde que
pretendoient leur estre faicte par ung Doblet, lieutenant
de Brageirac qui tumba par terre et son cheval avec,
et auprès du couvent des Jacopins (1) fut lourdement
et a son grand deshonneur repoussé et reculé, et luy
fust respondu par ledict Seigneur Reverend, qu'il garda
ces prerogatives quant il seroit a Brageirac; et quelque
chouse que sceust faire ledict du Puy, l'auctorité en
demeura ausdictz seigneur Maire et Consulz (2).

_____

(1) Couvent situé entre les deux villes, sur la route que le
cortége devait suivre en entrant à Périgueux par la porte
Taillefer (Voir le plan de Belleforest, qui en donne la situation
exacte).

(2) Un fait assez curieux comme détail de mœurs et qui nous
donne la mesure de l'indépendance des citoyens de Périgueux,
eut lieu sous l'administration de ce Sénéchal. Il avait donné
l'ordre d'enlever sur le pont de la Cité, un sanglier que l'on
menait au marché, pour la nourriture des habitants. Aussitôt
plainte fut portée aux Consuls, qui donnèrent à leur tour l'ordre
d'enlever de la maison épiscopale où était logé le Sénéchal, le
sanglier; le firent porter au marché, en disant que si le Sénéchal
en vouloit, il n'avait qu'à en acheter comme les autres.

Sixième Entrée.

ENTRÉE

D'HENRI D'ALBRET

Roi de Navarre

(vers 1542)

———

L E roy de Navarre passa à Périgueux et fust recu très honorablement et couta beaucoup (1). Pour le recouvrement du royaume de

———

(1) L'enthousiasme qui avait rendu si imposante et si belle la première Entrée, celle de 1530, ne présida pas à celle-ci. Les

8

Navarre (1) fust ordonné et levé 4000 pipes froment
et 2000 pipes avoyne (2).

---

populations commençaient à se désillusionner ; les impôts en
vingt ans avaient doublé ; François I, par ses guerres incessan-
tes contre Charles Quint, avait épuisé toutes les ressources du
pays : ce sentiment est bien clairement sous-entendu par ces
simples mots : « *couta beaucoup* ».

(1) Ce fut, pendant près d'un demi-siècle, une histoire
bien lamentable que celle des tentatives de la maison d'Albret
pour recouvrer l'héritage de ses ancêtres.

Dès 1512, l'année même de l'usurpation espagnole, Jean
d'Albret fait un premier essai. Les Etats de Périgord lui
votèrent dans ce but la somme de 2,500 livres tournois (Extrait
de l'*Histoire des Etats de Périgord*, par le Président de M.).

En 1516, Antoine de Peralta, maréchal de Navarre, l'envahit
de nouveau ; il est battu et fait prisonnier. Jean d'Albret meurt
de douleur, et sa veuve en 1517, avant d'expirer, ordonne à
son fils Henri, de porter son corps et celui de son mari à
Pampelune, dès qu'il sera rétabli sur le trône de ses pères.

En 1521, André de Foix, sire de Lesparre, envahit la
Navarre, prend Pampelune, sa capitale : mais grisé par le
succès, il commet l'imprudence d'envahir la Castille, sans s'être
consolidé dans sa conquête ; il est battu, et les Espagnols en
moins de temps que les Français n'avaient fait leur conquête,
rétablissent leur autorité dans tout le royaume. Ce fut la
dernière tentative sérieuse.

(2) En 1542, l'espérance devait renaître dans le cœur d'Henri
d'Albret. François I venait de dresser cinq armées contre
l'Empereur. La plus imposante, commandée par le Dauphin en
personne, avait envahi le Roussillon et mis le siège devant
Perpignan, mais là encore la fortune des armes nous fut
contraire et l'armée dut battre en retraite avec des pertes
considérables. — Nous avions pu faire collationner à Périgueux

sur le manuscrit original, nos cinq premières Entrées. Il n'en a plus été de même pour celle-ci, et les quatre qui vont suivre. Le registre connu sous le nom de *Livre noir*, comprenant la plus grande partie du XVI⁰ siècle a depuis longtemps disparu. Nous avons dû nous contenter de la copie qui existe aux manuscrits de la Bibliothèque Nationale, fonds Périgort, papiers Lespine, copie bien souvent fautive, comme nous allons le constater à l'entrée suivante.

Septième Entrée.

ENTRÉE

DE

CATHERINE DE MÉDICIS

(5 DÉCEMBRE 1542)

E n 1542, le 5 décembre (1), heure tarde, les Maire et Consulz furent advertiz que madame la

---

(1) Cette date est forcément erronée. Le siége fut mis devant Perpignan par le Dauphin (depuis Henri II), le 26 août 1542. Le camp fut levé le 4 octobre et le prince vint rejoindre François Ier à Montpellier le 23 du même mois. La véritable date doit être le 5 septembre que la copie souvent fautive de la Bibliothèque nationale, a transformé en *décembre*. Au mois de

Dauphine (1), allant devers Monsieur le Dauphin à Narbonne, venoit passer par cette ville. Le lendemain fust assemblé le Conseil, conclu quon luy feroit la reception la plus magnifique que seroit possible avec le poyle, les rues tendues et toute honesteté qu'on pourroit, passa et entra a la porte Tailhefert laquelle luy fust tapissée, et l'entrée de la ville, garnie d'arcs de triomphe, de verdures, et garnie d'escussons des armes du Roy, de Monseigneur le Dauphin, de Madame la Dauphine et de ladicte ville.

M^r le lieutenant du Seneschal, accompaigné des aultres officiers du Roy et des advocatz et procureurs du Siége, ayant devant eulx les sergents du Roy portant la livrée rouge, les bassouchiers habillés de livrées avec l'enseigne de la ville, après venoient lesdictz Maire et Consulz avecques leurs chapperons, ayant les sergentz de la ville devant eux avec leurs allebardes, livrées et aubergeons garnis des armes de la ville, et après lesdictz Maire et Consulz venoient les officiers de la ville et bourgeois dicelle. Les processions des deux Esglizes allèrent audevant les Jacobins et elle arrivée de la barbecane de Tailhefer (2), fust

décembre, le prince et sa femme étaient malades à Angoulème (Bouchet. *Annales d'Aquitaire*).

(1) Catherine de Médicis, femme d'Henri II, alors Dauphin, née en 1519, mariée en 1523, reine de France en 1547.

(2) Espèce de fortification avancée servant de défense aux

recueillie de l'artillerie de la ville. Elle estoit dans sa litière descouverte des deulx costés; lesdictz Maire et Consulz luy presenterent le poyle et les clefs de ladicte ville, lesquelles elle prist à sa main et après les retorna audict Maire en les remerciant et ne voulust permettre quon luy mist le poyle sur elle, parce que Monseigneur le Dauphin estoit en danger de sa personne au siège devant Perpignan (1). Ledict poyle fust porté par quatre Consulz devant elle jusques à son logis, en la maison du s^r Tricard (2), en laquelle maison estoit pendu un gros escusson aux armes de la présente ville.

Le soir mesme avant son souper lesdictz Maire et Consulz avecques leurs chapperons allèrent faire la reverence a ladicte Dame et luy recommandèrent les affaires de ladicte ville et la prièrent les tenir en grace envers Monseigneur le Dauphin et fisrent présent de deux pièces de vin de Quercy (3), douze grandes

---

portes de ville. Le plan de Périgueux par Belleforest nous donne la vue parfaitement exacte de ce qu'était en 1542 la *barbecane* de Taillefer (*Bulletin de la Société historique et archéologique du Périgord*, tome V, p. 120).

(1) Le siége de Perpignan commença le 26 août 1542. On connait la fin déplorable de cette campagne qui aurait dû se terminer par la conquête du Roussillon. François Ier fit dégarnir de ses troupes, les frontières d'Italie, en donnant sa principale armée à l'amiral d'Annebaut, qui servait de tuteur au Dauphin.

(2) Jean Tricard, seigneur de Rognac, avocat et juge du pariage Saint-Front, maire de Périgueux (1553-1554).

(3) Nous trouvons là une indication qui tendrait à établir,

bouestes de confitures, deux douzaines de grands flambeaux, dont elle se tint bien contente.

Le lundi matin elle fust ouïr la messe devant Monsieur Sainct-Front et le chef dudict Sainct, luy fust monstré et austres Sainctz de ladicte Esglize, et après ladicte messe descendit à pied jusques dela le pont ou elle entra dans sa litière et ledict Maire accompaigné des sergentz print congé d'elle.

---

qu'au XVIe siècle, en Périgord, les vins du Quercy étaient considérés comme supérieurs en qualité à ceux du crû ; à moins cependant qu'en l'année 1542, la récolte n'eut été mauvaise et qu'on se fut adressé à la contrée la plus voisine pour y suppléer.

Huitième Entrée.

ENTRÉE

DE

LA PREMIÈRE-PRÉSIDENTE

DU PARLEMENT DE BORDEAUX

(VERS 1542)

CERTAIN jour après arriva en ceste ville Madame la Première Présidente de Bordeaux (1) audevant de laquelle personne n'avoit esté, et lui

---

(1) Il s'agit ici de Louise de Polignac, ou Poulignac, femme en première noce de Christophe de Coëtivy, seigneur de Fenioux, épouse en secondes noces de François de Belcier,

fut faict présent d'une pièce de vin de Quercy (1) et force gibier.

---

seigneur de la Boyse et Saint-Germain, Premier-Président au Parlement de Bordeaux, 1520—1544. Nous avons vu plus haut en 1520, l'entrée solennelle à Périgueux de son mari.

(1) Voici une nouvelle confirmation de la supériorité au XVIe siècle, des vins du Quercy sur ceux du Périgord.

Neuvième Entrée.

ENTRÉE

DU SÉNÉCHAL

JACQUES ANDRÉ

(31 mai 1553)

———

L E penultiesme jour du moyz de may 1553, Mʳ Mᵉ Jacques André (1), fist son entrée en la présente ville et sont alles audevant pour le recepvoir, comme sera cy-après spécifié, Mʳ de Rou-

———

(1) Jacques André, chevalier, seigneur du Repaire Martel, appartenait à une vieille famille bourgeoise de Périgueux ayant été revètue de nombreux offices de judicature. Il présida comme

gniat (1), Maire, ensemble les Consulz avecques leurs
chapperons bien montes, accompaignés de leurs sergentz, portant leurs allebardes et auquetons des armes
de ladicte ville, et austre grand nombre d'advocatz,
procureurs, bourgeois et marchans, citoyens et grand
nombre de bandes de tout estat avecques grandes
enseignes de soye desployées, tabourins de suisses,
marchans chacun à son rang, comme s'il vouloit entrer
en bataille, avecques une troupe de chevaulx bardes et
autre troupe d'hommes sauvages restirés en ung boys (2)
ou rencontrerent led. seigneur Seneschal auquel baille-
rent le salut et la bienvenue et lesdictz seigneur Maire
et Consulz, qui de visage riant, s'approchèrent les uns
des aultres et sortirent lesdictz chevaulx bardes qui

Sénéchal plusieurs assemblées des trois Etats de Périgord,
notamment en 1553 (1 et 17 février à Bergerac); en 1553 (8
juillet à Périgueux); en 1560 (5 janvier à Montignac); même
année (16 mars à Périgueux) : ce fut à cette session qu'il lui fut
fait don de 500 escus par les Etats; 1 mai 1560 à Montignac;
11 novembre 1561 à Périgueux; 11 novembre 1565 à Sarlat;
25 mai 1566 à Bergerac; 9 janvier 1569 à Périgueux; 9 août
1571 à Sarlat; 26 janvier 1572 à Périgueux. Il était décédé le
22 août 1573, date des provisions de la même charge donnée à
André de Bourdeille, frère du célèbre Brantôme.

(1) Jean Tricard, seigneur de Rognac, avocat et juge du
pariage Saint-Front (DE FROIDEFOND. *Liste des Maires de Périgueux*). Il est au contraire appelé François, dans le recueil des
titres de Périgueux imprimé en 1775.

(2) On semble retrouver ici une réminiscence de l'embûche
dressée en 1530, au départ du roi de Navarre (Voir 4me Entrée).

donnerent contre lesdicts sauvages en maniere d'ung
petit batailhon tellement que lesdictz sauvages furent
vaincus et leurs harnoys et grands espées a deux mains
qu'ils pourtoient hostées, dont de desplaisir mirent
leurs bras en croix et s'en revinrent vers ladicte ville et
ainsi le Seneschal avec les Maire et Consulz s'en vinrent
vers lad. ville et arrivèrent près la porte Tailhefer ou il
fust recueilli avec l'artilherie estant dans la tour de
Mateguerre et au lieu près la barbecane et illec se
presenta lesdictz seigneur Maire et Consulz et Syndic
qui remonstrèrent audict seigneur Seneschal, que de
louable coustume estoit teneu que a sa première entrée
ledict Seneschal devoit faire serment et bailler la foy
d'estre bon et fidèle au Roy, garder et maintenir les
habitans et citoyens en leurs franchises, libertés et
priviléges, prérogatives prééminences et autorités
lequel Seneschal liberalement a mis la main sur le livre
missel a luy presenté par le Syndic et a promis et juré
sur la saincte passion de Dieu figurée ez Evangiles
sainctz, d'estre bon et loyal au Roy, garder et maintenir lesdictz habitans, citoyens et juridicticts en leurs
priviléges, franchises et libertes et plus tot les aug-
menter et garder et préserver de toute oppression.
Comme aussy le lendemain, il alla tenir la Cour dans
notre parquet par *sol emprunté.* — Signé : GIRAULT,
notaire royal en présence de plusieurs témoins (1).

---

(1) Nous donnons à l'appendice, la curieuse Entrée du même
Sénéchal à Bergerac, et le détail du repas pantagruélique qui lui
fut donné ainsi qu'à sa suite, à cette occasion.

Dixième Entrée.

ENTRÉE

DE

BLAISE DE MONLUC

LIEUTENANT DU ROI EN GUYENNE

(FIN MAI 1566)

L'AN 1566, Mr de Monluc (1) fist son entrée en ceste façon : 1° allèrent au devant de luy lesdictz seigneur Maire et Consulz ou il luy fust présenté le service, obeissance et toute humilité, tant pour le

---

(1) Blaise de Monluc, maréchal de France, né en 1502, mort en 1577. Il n'était alors que lieutenant du roi en Guyenne. Les

service de Sa Majesté que du sien et fust faicte la arengue audict seigneur de Monluc par le s^r Roche Consul, estant accompaigné lesdictz Maire et Consulz de plusieurs bourgeois de ladicte ville.

Apres vinrent M^r le Juge maije, lieutenans, conseiller advocat du Roy, accompaigné de ses advocat et procureur et firent ladicte revérence et comme ledict seigneur de Monluc commença a approcher de lad. ville, le costoyoit tousiours ledict s^r Maire Audouy a main senextre estant auprès du cimetière des pauvres, commencerent à marcher les artisans de la présente ville en trois troupes accoustrées de livrées, l'enseigne desployée; après marchant de front, Messieurs les bourgeois de ladicte ville ayant un prince avec le Roy de la Bazoche et les suppotz estant accoustres de diverses livrées, de diverses façons fort riches, les enseignes desployees, luy firent la revérence et aren-

Etats de Périgord avaient été convoqués pour être tenus à Bergerac le 25 mai 1566, mais Monluc qui ne se souciait pas de se rendre au milieu de ses ennemis les plus ardents, fit tout pour entraver la réunion de ces Etats qui en effet « pour » n'avoir pu résouldre et arrester certaines affaires furent » réassignés se trouver en la ville de Périgueux au premier jour » du moys de juing ».

Monluc dans sa correspondance avec Catherine de Médicis, récemment publiée dans la dernière édition de ses œuvres par M. de Ruble (1854-1872), rend compte à la reine de la tenue pe ces Etats et de la déplorable situation dans laquelle était le Périgord à cette époque.

guèrent ledict seigneur de Monluc et y eust ung peu de querelle entre lesdictz bourgeois et Roy de la Basoche pour raison du point d'honneur : totesfois la querelle fust honneste. — Ledict s^r de Monluc fust logé en ladicte ville et logé en la Cité et maison episcopale.

Lesdictz seigneur Maire et Consulz, allèrent faire la révérence audict Seigneur en ladicte maison, et luy fut faict de présent, six barriques de vin, une grande coupe d'argent couverte bien dorée, qui estoit bien peu de chose, totesfois led. seigneur la receut et print en gré.

Faut noter que la porte du Pont ou il entra et la porte Tailhefer où il sortit, estoient magnifiquement garnies avecques des chapeaulx triumphans, dans lesquels estoient les armes du Roy de Navarre, armes de la ville et celles dud. seigneur. Fust aussi tiré force coups d'artilherie au Pont et à Tailhefer et lorsqu'il s'en alla.

Appendice.

I

NOTE ADDITIONNELLE DE LA PREMIÈRE ENTRÉE

Charles de France, duc de Guyenne, frère unique de Louis **XI**, était, selon l'expression de l'historien Commynes, « un homme qui peu ou rien faisoit de » luy, mais en toutes choses estoit manié et conduict » par autruy » : toute sa vie en fut la preuve. Nous ajouterons pour être juste, que c'était un prince humanitaire, doux, soucieux de la vie des hommes, en un mot, tout l'opposé de son terrible frère. On le vit bien quand parcourant le champ de bataille de Montlhéry et apercevant le sol jonché de cadavres, il versa d'abondantes larmes, ce qui fit faire cette réflexion à son

cousin, le comte de Charolais : « Avez-vous ouï parler
» cet homme! il se trouve esbahy pour sept ou huit cens
» hommes qu'il voit blessés, qui ne luy sont rien, ne
» qu'il ne connoit! il s'esbahiroit bientot si le cas lui
» touchoit de quelque chose! »

Chef plus apparent que réel de la Ligue du Bien
public, il reçut d'abord le duché de Normandie dont il
ne put entrer en possession, grâce aux artifices de son
frère, puis les comtés de Champagne et de Brie, qui
devaient servir de trait d'union entre les immenses
possessions de la maison de Bourgogne; enfin séduit
par son principal conseiller, Odet d'Aydie, seigneur
de Lescun, gascon entreprenant et adroit, qui voulait
rendre à sa patrie un semblant d'autonomie, il accepta
le duché de Guyenne.

Toutes les chroniques contemporaines rapportent
avec quel enthousiasme les peuples de l'Aquitaine
accueillirent leur nouveau souverain; mais nulle part,
il ne fut si grand qu'à Bordeaux, capitale du duché. Il
faut lire dans la brochure de M. Brives-Cazes, intitulée:
Les Grands Jours du dernier duc de Guyenne (1),
l'entrée solennelle du frère de Louis XI, le 10 avril
1470, un peu plus de deux mois après celle de Périgueux. La célèbre galère de la ville, connue sous le

(1) *Les Grands Jours du dernier duc de Guyenne* (1469-
1472, par E. Brives-Cazes, vice-président du tribunal civil de
Bordeaux. Bordeaux, Gounouilhou, 1867, brochure de 95 p.

nom de *Maison navale*, alla toute pavoisée à sa rencontre jusqu'à Lormont. L'archevêque et tout son clergé, l'attendaient dans le palais de l'Ombrière. De son côté, il s'avançait escorté des plus grands seigneurs de la province et accompagné de son beau-frère le Prince de Navarre, qui devait périr, peu de temps après, dans un tournoi à Libourne.

Cette quasi-indépendance qui allait commencer pour l'Aquitaine devait avoir une bien courte durée, aussi courte que la vie du jeune prince, mais du moins s'affirmer par des actes significatifs : une épreuve en or massif du Cabinet de France, représentant les exergues gravés autour du grand sceau du duc de Guyenne, nous en fournit la preuve la plus irrécusable.

Sur l'une des faces, Charles est figuré assis sur un trône, couronne fleurdelysée en tête, de la main droite tenant l'épée de justice, de la gauche une sorte de sceptre, qu'un courtisan maladroit du roi Louis XI a cherché à faire disparaître. Sur sa tête, deux anges soutiennent un pavillon aux armes pleines de France et d'Aquitaine.

Autour sont gravés ces mots d'un sens mystérieux et menaçant :

DEUS JUDICIUM TUUM REGI DA

ET JUSTITIAM TUAM FILIO REGIS (1).

---

(1) « O Dieu! donne ton jugement au Roi et ta justice au fils

Le contre-sceau représente le duc armé de toutes pièces, monté sur un cheval de guerre caparaçonné aux armes de France et d'Aquitaine. Il tient l'épée nue à la main et parait fondre sur ses ennemis.

Autour cette seconde légende, plus significative encore que la première :

DIVUS CAROLUS MAXIMUS
AQUITANORUM DUX ET [REGIS]
FRANCORUM FILIUS (I).

La première inscription est tirée du premier verset du LXXI⁰ psaume de David. Si nous parcourons les poésies du roi-prophète, à maintes reprises nous y voyons revenir la même pensée, le jugement du roi, la justice accordée au fils du roi. L'histoire ne nous apprendrait pas que Charles VII, comme le roi David, avait été plus d'une fois en butte aux révoltes de son

du Roi ». Michelet est, pensons-nous, le seul historien qui ait eu l'intuition du sens menaçant de cette devise. Il parait avoir ignoré qu'elle était empruntée aux psaumes du roi David. S'il eut connu cette source, à quelles déductions merveilleuses ne se serait pas livré notre grand historien !

(1) « Le divin Charles, le plus grand duc des Aquitains, fils du roi des Français ». Il faut lire *Divus* et non *Deus*, comme l'indique par erreur le *Trésor de Numismatique et de Glyptique*, par Charles Le Normant, de l'Institut. Paris, Didier, 1848.

Nous avons ajouté le mot : *regis* qui est évidemment sous-entendu.

fils, que l'on devinerait sans peine, dans le choix de ces mots, une allusion directe aux insurrections de Louis XI contre son père, et à la pensée qu'avait eue un moment le malheureux roi de faire passer la couronne sur la tête de son second fils (1).

Pour un prince aussi clairvoyant et jaloux de son autorité que Louis XI, avoir osé inscrire une telle pensée autour de tous ses actes, faire une semblable allusion aux débuts criminels de sa jeunesse, équivalait à un arrêt de mort. Nous verrons bientôt qu'il ne devait pas tarder à être prononcé.

La seconde légende pour être moins mystérieuse, n'en était pas moins significative. Le titre de *Divin* et l'épithête du plus grand duc des Aquitains, n'étaient pas de nature à calmer les appréhensions de Louis XI sur les visées ambitieuses de son frère.

Aussi dès la prise de possession de la Guyenne, ne cessa-t-il de lui créer difficultés sur difficultés. Le jeune prince n'en avait cependant pas besoin. Ballotté entre les caprices d'une maîtresse en titre, la belle Colette de Montsoreau et les conseils intéressés d'avides courtisans tous vendus à son frère (2), il parcourait

---

(1) David fit en effet passer la couronne sur la tête de Salomon, fruit de ses amours avec Betsabée, au détriment des enfants d'un premier lit.

(2) Les généalogistes sont parfois de bien dangereux enfants terribles; c'est ainsi que dans la généalogie d'Aydie du P.

son petit royaume, allant du Nord au Midi, visitant les villes capitales, en confirmant comme à Périgueux les franchises et libertés des vieilles cités gallo-romaines.

En vain il cherchait à se créer des alliances, tantôt trompé par le duc de Bourgogne qui lui promettait sa fille, tantôt par le roi de Castille.

Un portrait placé en tête de sa biographie par M. de Bastard, nous fait bien saisir le contraste de cette douce et molle nature avec celle si cauteleuse, si fine de son frère (1).

Le pauvre prince étant à Saint-Jean d'Angély, subit les premières atteintes du mal qui devait l'emporter. Quelques mois après l'empoisonnement de sa maîtresse, il venait expirer à Bordeaux le 24 mai 1472, non sans de graves soupçons d'avoir subi le même sort.

Ce qu'il y a de certain, c'est que dès le lendemain de sa mort, son principal ministre et conseiller, Odet

---

Anselme, nous avons trouvé la preuve du triste rôle d'Odet d'Aydie, seigneur de Lescun. Il commença par recevoir de Louis XI, une somme de 10,000 écus d'or, avec une pension de 6,000 livres outre les 2,000 livres pour la charge d'amiral, fut fait gouverneur du Château Trompette de Bordeaux, de Bayonne, Dax, Bazas, Saint-Sever, Blaye et La Réole ! Il eut le rare bonheur de conserver toutes ses charges pendant la vie de Louis XI, et fut enterré dans son château de Fronsac, après avoir légué ses biens immenses à sa fille, mariée au vicomte de Lautrec, de la maison princière de Foix.

(1) *Biographie universelle* de Michaud, t. LXVI, article du *Duc de Guyenne*, par le comte Auguste de Bastard.

d'Aydie, seigneur de Lescun, était fait comte de Comminges, vicomte de Fronsac, grand sénéchal, gouverneur et amiral de Guyenne, capitaine de Bayonne et d'un grand nombre de places de guerre, qui le rendaient véritable souverain de la Guyenne.

Si nous lui appliquons le célèbre adage : *Is fecit cui prodest,* on ne peut s'empêcher de penser qu'il ne dut pas être étranger à la mort de son maître, de son bienfaiteur.

Quant au corps du prince, à raison même des graves soupçons qui pesaient sur plusieurs personnes, il resta près d'un an sans sépulture, *super terram,* confié aux chanoines de Saint-André. Cependant Louis XI approchait de Bordeaux, tout prêt à ressaisir sa proie, c'est à dire les provinces encore frémissantes (elles n'appartenaient à la France que depuis 1452) qu'il avait été obligé de céder à son frère.

Les chanoines de Saint-André sont bien embarrassés du dépôt dangereux laissé entre leurs mains. Devait-on enterrer le jeune prince avec un service solennel, tel qu'il convenait au dernier grand feudataire ayant possédé la Guyenne en toute souveraineté, au frère du roi régnant, au fils de Charles VII, le Victorieux ? Devait-on au contraire faire la cérémonie presque à cachette ?

Les pauvres chanoines désignent un membre du chapitre qui doit aller trouver Louis XI, en ce moment campé aux environs de la ville, pour connaître quelle

est sa volonté, mais le chanoine désigné prend peur au
dernier moment et refuse de partir. Enfin on trouve un
religieux de bonne volonté qui brave tout, et alors
l'astucieux monarque fait répondre qu'une messe basse
suffirait : « *Quod sepeliretur cum missa simplice sine*
» *alta (*ou *altera?) solemnitate* ».

Ainsi fut fait. Celui qui avait un moment fait trem-
bler le puissant roi de France, fut enseveli sans aucune
cérémonie, au milieu du chœur de Saint-André, contre
la première marche par laquelle on montait à l'autel. A
la fin du XVI⁸ siècle, on y voyait encore son tombeau,
entouré d'une clôture à barreaux, où se trouvait son
effigie : « nud-chef, mais ses armes otées puis naguères
» estoient timbrées de couronne à hauts fleurons » (1).

Par une suprême fatalité, dit M. Brives-Cazes, à la
fin de sa brochure, à laquelle nous avons emprunté la
plus grande partie des détails énoncés plus haut, ce
dernier souvenir devait bientôt disparaître, comme
s'étaient évanouies depuis longtemps en Guyenne, les
velléités d'une autonomie désormais impossible (2).

------

(1) V. Moreau. *Tableau des Armoiries de France*, p. 250.

(2) La substantielle brochure de M. Brives-Cazes que nous
avons déjà citée, nous donne, d'après les sources originales,
les plus curieux détails sur la juridiction créée par le duc de
Guyenne dans son apanage. Tous les historiens s'étaient trompés
sur les derniers instants du fils de Charles VII, notamment
M. de Bastard, dans la *Biographie universelle* de Michaud,
t. LXVI, 2ᵉ supplément, qui lui fait faire des funérailles splen-

Charles de France laissa deux filles, fruits de ses amours avec la belle veuve de Louis d'Amboise, la première décédée sans enfants de son mariage avec le sire de Ruffec; la seconde, Jeanne, communément appelée : *La Bastarde de Guyenne*, fut successivement religieuse à Blaye, puis abbesse de Saint-Pardoux-La-Rivière en Périgord. Elle y vivait encore en 1533 et dans un état tellement voisin de l'indigence, qu'elle fut obligée de recourir à la générosité du roi régnant pour obtenir une petite pension. A cette date, François 1er accorda une rente viagère de 100 livres, sur la recette de la province de Périgord, à la dernière descendante des premiers Valois. Jeanne avait à cette époque plus de soixante ans!

On voit encore au-milieu des ruines du petit couvent de Saint-Pardoux, situé pittoresquement sur les bords

---

dides! Il y a loin de là à la vérité qui nous est attestée par un manuscrit contemporain heureusement exhumé par le magistrat bordelais. Ce sont les registres capitulaires de Saint-André, déposés aux Archives départementales de la Gironde, G 347, f° 55.

On doit encore au même magistrat les trois brochures suivantes qui sont les études les plus sérieuses que nous ayions concernant le Parlement de Bordeaux :

1° *Le Parlement de Bordeaux et la Chambre de Justice de Guyenne en 1582.* Bordeaux, 1866.

2° *Le Parlement de Bordeaux et la Cour des Commissaires en 1549.* Bordeaux, 1871.

3° *La Chambre de Justice de Guyenne. 1583-84.* Bordeaux, 1871.

riants de la Drône, une clef de voûte portant un écusson blasonné des armes de France, surmonté d'une crosse abbatiale. C'est tout ce qui reste du passage sur la terre de la pauvre princesse, de la dernière descendante en ligne directe de Charles VII, le Victorieux! Triste fatalité qui s'acharnait et sur le père, et sur la fille, tandis que les neveux d'Odet d'Aydie, faisant souche de grands seigneurs, s'alliaient aux maisons princières de Foix et de Pons et transmettaient à leurs descendants un des plus beaux fiefs de la Guyenne, la vicomté de Ribérac!

II

NOTE ADDITIONNELLE DE LA QUATRIÈME ENTRÉE

Au moys de janvier dudict an mil cinq centz vingt
et neuf (1) pour aulcuns afferes concernans l'estat du
royaulme de France, nostre tres cher et souverain
seigneur Francoys, par la grace de Dieu, roy d'icelluy,
envoya très hault et puissant Prince Henri, roy de
Navarre, son beau frere, lieutenant general gouverneur,

---

(1) 1529, nouveau style 1530. Cette entrée d'Henri d'Albret,
à Limoges, eut lieu, comme on le voit, trois jours avant celle
de Périgueux. Nous l'avons extraite des registres consulaires
de Limoges, actuellement en voie de publication.

et admiral de Guienne, audict païs de Guienne et
apres que les s^{rs} Consulz de la ville et chastellenie de
Lymoges furent deuhement advertys que ledict Roy de
Navarre, parfournissant sond. voyaige, avoit delibere
passer par ceste dicte ville, assamblarent les manans et
habitantz dicelle, et fut par unanime adviz conclud et
determine de luy faire present et honneur au mieux
quil seroit a eulx possible. Et firent lesd. Consulz crier
et publier a son de trompe par les carrefours de ladicte
ville que ung chascun endroict soy, fist nectoyer les
rues et places, et que chascun heust a tapisser les rues
et abatre les hault vantz par ou ledict Roy debvoit
passer; en oultre se rendissent a lheure par lesd.
Consulz assignée, montes et bien en poinct, pour luy
aller audevant. A quoy faire, ung chascun mist bonne
diligence. Et, advenent le septiesme jour dudict moys,
lesdictz Consulz, habitues de robes noires, portantz
chascung ung chapperon de damas rouge sur lespaule
accompaignes de leur masse, prévost, officiers et
guacgiers montes en bel ordre, avecq plusieurs
bourgeoiz et marchantz de ladicte ville, jusques au
nombre de huict vingtz ou envyron, sortirent de ladicte
ville et allarent audevant dudict Roy de Navarre lequel
rencontrarent a lissue de la forestz de Beaubrueil dis-
tanct une lieue dudict Lymoges, venent de la ville et
monastère de Grandmont (1), auquel firent honorable

---

(1) La fameuse abbaye de Grandmont, chef d'ordre, située au

recueil; et luy fist le salut et harengue princiere maistre Jehan Petiot, bachelier ez loix, lung desdictz Consulz, luy présentant, tant en general que en particulier, les biens de ladicte ville. Lequel fist réponse qu'il venoit veoir et visiter lesd. consulz et habitantz de lad. ville pour leur dire et declairer quil etoit leur bon amy et prest à leur faire plaisir. Ce faict, ledict Roy, accompaigne de noble et puissant s^r mons^r le gouverneur et senneschal de Lymosin, mons^r de Pompadour et de plusieurs aultres seigneurs tant du pays de Lymosin que de sa court, desd. Consulz et de leur suyte, marcha vers la cité de Lymoges, dans laquelle entra par la porte de Sainct-Maurice, la ou estoient les freres mendiantz et prebtres desd. ville et cité en procession, portantz les croix de leurs Esglises, et en telle manière fut led. roy conduict jusques a la grant Eglise de Sainct Estienne (1), la ou il descendit et fut honorablement receu par les chanoynes d'ycelle et luy fust faicte une harengue par l'orguane de Monsr Maistre Michel Jouviond, chantre et chanoine de lad. Eglise. Et apres ce, led. roy remonta sur son hacquenee et passant par les faulx bourgz de la porte de Maignegnie de ladicte ville; et a lentree du balouart (2) dycelle fut salue par le son

sommet des montagnes qui dominent Ambazac. Aucune histoire du monastère ne mentionne ce passage du roi de Navarre.

(1) C'était et c'est encore l'église cathédrale de ¶Limoges.

(2) Voici une étymologie peu connue du mot moderne : *Boulevard*. Il paraît dériver de l'espagnol : *baluarte*.

de grant nombre de trompettes, clerons, haulxboys et aultres instrumentz pareilhement de l'arthilerie de la ville. Et luy, entre dans ledict balouart, fut salué et recuilli par Reverend Pere Mons' Maistre Mathieu Jouviond, abbé du Monastère Sainct Marcial revestu de ses habitz pontificaulx, accompaigne de ses religieulx, tous revestus et enchapez, avec la grande croix d'or de ladicte abbaye. Et, après avoir passe le pont et entre dans ladicte ville, fut mys sur ledict Roy ung poille et pavilhon de satin dez couleurs et devise dudict Roy, avecq ses armes faictes en orfaverie, lequel pavilhon fut porte sur luy par lesdictz quatre Consulz, habituez comme dessus est dict, despuis ladicte porte, jusques a son logis. Si commenca a marcher dans ladicte ville au long des ruez tapisseez pour aller a son dict logis du Brueil (1), lequel on luy avoit faict aprester, en tel ordre comme sensuyct.

Premyerement marchoient les sergantz du senneschal du Lymosin et certain nombre des gens dudict Roy de Navarre; après eulx lesd. religieux mendiantz et prebtres devant dictz; apres marchoyent lesd. Consulz et leursd. officiers vis a vis dud. Roy, et consequemment apres lesd. Abbé et religieulx; finalement ledict Roy, estant soubz ledict pavilhon, les guacgiers de lad. ville autour de luy avecq leurs bastons et livrees;

_____

(1) Le logis du Breuil, actuellement la Préfecture, ancienne résidence des vicomtes de Limoges.

son chancelier, mondict s^r le Gouverneur et leur suyte;
ensemble lesd. bourgeoiz, marchantz et habitantz de
lad. ville. Et par les carrefours dicelle furent faictz
plusieurs beaulx misteres (1). Ledict Roy parvenu
audevant ledict Monastere Sainct Marcial, ledict Abbé
luy bailha a baiser ladicte croix et luy presenta les
biens de lad. abbaye; de quoy led. Roy le remercia.
Si continua son chemyn par la rue du Clochier et fut
conduict jusques a la maison du Brueil, et la descendit
et logea. Et, pour aulcune occupacion que ledict Roy
heust tout ce dict jour, lesdictz Consulz ne peurent
parler a luy. Si furent mises et posees par le commandement desd. Consulz, de troyz en troyz maisons, par
toutes les rues de ladicte ville, lanternes et falotz avecques lumyere ardant toute la nuyct, en sorte que on
voyoit marcher si clerement comme si il heust este jour.

Et le lendemain bon matin, lesd. Consulz, acompai-
gnez de leursd. officiers et de quarante ou cinquante des
principaulx bourgeois de ladicte ville, se rendirent
aud. logis et eux, entres dans la Chambre dud. roy,
luy firent la reverence et par l'orguane de Maistre
Marcial Mathieu, licencié ez droictz, advocat de ladicte
ville, luy fut faicte la harengue comme a tel prince

---

(1) On le voit, la similitude est presque complète entre
Limoges et Périgueux. Une foule d'expressions sont les mêmes :
habitués pour *habillés, marcher si clèrement comme si il heust
esté jour*, etc., etc.

estoit requis, laquelle finee, Audoyn Dauvergue, pre-
vost et juge criminel de ladicte ville, au nom desdictz
Consulz, bourgeoiz et habitantz dicelle, luy fist present
d'une coupe d'argent doree poisant huict marcz dargen
fin, a la dourure de laquelle furent mis vingt ducatz dor;
ensemble de certaine quantité despicerie, de muscat et
bon vin, et de six douzaines de torches, lequel présent et
aultres chouses quon fist a cause de la bienvenue dudict
Roy, monte la somme de IIIJᶜ huictante livres ou
envyron. Lesquelles chouses led. Roy heut tres agrea-
bles ; et tout incontinant partist de sondict logis et s'en
alla audict monastere Sainct Marcial, et, apres avoir
ouy messe, s'en retourna aud. Brueil, acompaigné desd.
Consulz et officiers ; et apres avoir prins son disner,
partist de ladicte ville acompaigné comme dessus,
passant par la rue des Bancz, visita la porte de
Maignegnie, a l'issue de laquelle poulca et tira derechef
lad. artilherie. Si fut led. Roy conduict par lesd.
Consulz et leursd. officiers jusques au pont du fleuve
de Valoyne (1), tirant sur le chasteau de Las Tours,
ou il alloit coucher. Et a la despartie fut par iceulx
Consulz humblement remercie de ce quil luy avoit pleu
les visiter, luy recommandant lad. ville et pays et le
priant qu'il lui pleust les avoir toujours en sa grace ;
lequel Roy les remercia gracieusement, disant qu'il estoit

---

(1) Vigenna, Valoyne, Vienne, rivière qui donna son nom à
deux départements.

bien contant deulx et dez aultres habitantz de lad. ville,
et que en tous les endroictz quil leur pourroit faire
plaisir se monstreroit leur bon amy.

III

NOTE ADDITIONNELLE DE LA NEUVIEME ENTRÉE

Et le tiers jour du moys de juillet (1553) arriva Monsieur le Seneschal en la présente ville (1) audevant duquel allerent de ceste ville au lieu de Creysse pour le reculir scavoir est M.M. le Lieutenant, les magistrats et autres de lad. ville et pour la collation d'iceulx a esté payé audict lieu de Creysse la somme de XII^{sols} 6 deniers.

(1) Cette curieuse entrée du Sénéchal Jacques André à Bergerac est extraite du registre des Jurades déposé aux archives de cette ville. Nous en devons la communication à son bienveillant archiviste, M. Dupuy.

Item et pour reculhir ledict seigneur Seneschal et luy faire honneur a luy a esté faict tirer l'artillerie et aultres pièces de la ville tant grosses boytes que aultres moyennes pour lesquelles faire tirer fust achapté de Berthol, dict Caudou quatorze livres et demi pouldre d'artillerie au prix de cinq solz la livre pour laquelle a esté payé III¹ XIIˢ VI^d (1)

item plus a esté payé a Gabriel Belair maistre artilleur pour aultres six livres pouldre fine que pour les peines de faire tirer ladicte artillerie la somme de XL sols (2).

item et à cause que avec ledict Seigneur Seneschal vindrent beaucoup de gens d'Estat fust advisé par les Consulz de la ville que leur fust faict des présents tant de bon vin que aultre chose pour lequel affaire a esté achepté trois pièces de vin tant claret que blanc pour somme de XI¹ 6^sols.

item fust invité le seigneur Seneschal venir diner à la maison de ville et avecques luy MM. de ceste ville et beaucoup d'aultres estant venus avec ledict Seigneur Seneschal, pour lequel disner a esté payé comme suit :

---

(1) La livre se composait de 20 sols ; le sol de 12 deniers. Si l'on multiplie en effet, 14 par 5, l'on trouve 70 sols, soit 3 livres 10 sols, auxquels il faut ajouter le prix d'une demi-livre de poudre, soit 2 sols et demi, ce qui donne le total de 3 livres 12 sols 6 deniers.

(2) La poudre fine revenait, on le voit, à un peu plus de six sols et demi la livre.

	L.	S.	D.
1 2 paires poulets qui cousterent	»	19	»
7 paires poulets de mars	»	3	»
1 paire de chapons vieux pour bouillir	»	10	»
13 paires de pigeons pour roustir	»	19	6
3 oisons	»	6	6
3 levraulx	»	14	»
1 paire otandeaux (ou estendeaux)	»	5	»
3 autres paires poulets	»	6	»
en veau pour les pieds et le ventre	»	18	»
un chevreau.	»	11	3
en pain	»	18	»
un mouton de haulte graisse	1	15	»
bœuf pour bouillir	»	9	2
9 livres lard	»	12	»
sucre et autres espices	2	»	»
une livre graisse fine	»	»	12
deux fois de mouton	»	»	15
1 petit otandeau	»	1	9
3 lapins et 1 poule d'inde	»	8	»
farine de froment pour faire les patés	»	3	9
concombres	»	»	3
huile d'olive	»	»	9
fromage pour faire les tartes et œufs	»	7	»
en bois	»	10	»
Il fust payé a Popelin qui dressa la cuisine	»	17	6
—— au fils du patissier	»	9	»
A REPORTER.	14¹	6ˢ	8ᵈ

	L.	S.	D.
REPORT.	14	6	8

Il fust payé au patissier du chateau pour
avoir faict patisseries, tartes et austres   1   18   »

16^l 4^s 8^d

---

item le treiziesme jour de juillet (1557) sont arrivés
en la présente ville Messieurs l'Official de Sarlat, M^r
Montaignac, Mr de Mémy, Mr de Saint-Geniés, seigneur
de Badefol, Mr de Bellegarde, Mr de Belregard, et
Monseigneur le Senéchal de Périgord pour le differend
du scyndic de la ville et le scyndic de La Linde et pour
la dépense desdictz seigneurs et de leurs cheveaux a esté
payé ainsi qu'il appert par les menus qui s'ensuivent :

	L.	S.	D.
premierement en pain	1	15	»
en vin : deux barriques tant blanc que claret	3	10	»
sel	»	»	12
Bois, une brasse	2	11	»
Verjeulx	»	»	12
Vignègre	»	»	8
Lard, trois livres trois quart à 16 deniers la livre	»	6	8
Espyceryes, comme poivre, clous, canelle, gingembre le tout	»	7	6
Chair de veau	2	»	»
A REPORTER.	10^l	12^s	10^d

	L.	S.	D.
REPORT.	10	12	10
Chair de mouton, 12 livres	1	8	»
un chevreau	»	10	»
Poules quinze paires	1	7	6
Chaponeaux huit paires	1	2	»
Pigeons, dix huit paires	1	7	»
Levreaulx ou Conils, six	1	6	»
Cailles, deux paires	»	1	8
Perdrigeaux, deux paires	»	4	»
bœuf	»	3	»
fromages	»	5	»
fruits, tant poires, nozelles, pommes, guindes et sireyge, conconbres et pépoule	»	2	»
sucre	»	5	»
au pastissier	»	10	»
a Veyssière qui servit	»	5	»
pour deux journées de 6 cheveaux de M. de Saint-Geniès	3	»	»
plus pour la saupée des 9 cheveaux de Mgr le Sénéchal	1	11	6
plus pour demi-journée pour 3 cheveaux de Mr de Memy	»	7	6
plus pour le logis	3	»	»
Monte la susdicte dépense la somme de	27^l	8^s	» (1)

---

(1) Quelques rapprochements curieux entre les prix du

XVI⁰ siècle et ceux du XIX⁰ se présentent naturellement à l'esprit à la lecture du détail de ces deux plantureux repas de nos bons ayeux. Si nous multiplions par 25 les chiffres qui s'y trouvent énoncés, nous trouvons presque absolument le même rapport entre la valeur actuelle et celle du temps passé.

Ainsi pour ne citer que peu d'exemples, la barrique de vin vaut 4 livres, soit 100 fr.; un mouton gras *(de haulte graisse)*, 1 liv. 15 sols, soit 55 à 60 fr.; les lièvres et chapons, 5 sols qui nous donnent 5 à 6 fr.; les perdreaux, 1 sol qui fait 1 fr. 25 à 1 fr. 50 c.; les cailles, 5 deniers soit 50 c.; et ainsi du reste. Les prix qui nous paraissent les plus élevés sont ceux de la nourriture des chevaux. 6 chevaux pendant 2 jours soit 12 jours, 3 livres, 75 fr., un peu plus de 6 fr. par cheval et par jour. En revanche un homme de service qui a passé toute la journée à servir gagne les prix actuels, 5 sols, 5 a 6 fr.

Table.

TABLE ALPHABÉTIQUE

DES NOMS D'HOMMES ET DE LIEUX

Nota. Les chiffres indiquent la page.

A

Acquebutte, nom primitif de l'arquebuse, 29, 34, 49 et note.

Acquebutiers, 43.

Agonac, petite ville près de Périgueux, 23.

Albret (Henri d'), roi de Navarre. Sa première Entrée à Périgueux, 21. Son discours au maire, 28. Sa deuxième Entrée à Périgueux, 59. Son Entrée à Limoges, 97.

Amphyon (lyre d'), 47.

André (Jacques), Sénéchal. Son Entrée à Périgueux, 75. Prête serment sur les Évangiles, 77. Son Entrée à Bergerac, 105. Détails du festin qui lui est donné, 107, 108, 109.

Angoulême (Mr d'). François I alors Dauphin, appelé Mr d'Angoulême, 10.

Aquarius, 22.

Aquitaine (rois et ducs d'), 5.

—— (monarque d'). Henri d'Albret ainsi appelé, 39.

Armes du roi de France, ornant le poêle porté sur la tête du roi de Navarre à son entrée à Périgueux, 32.

Armes du roi de Navarre, 24, 32, 83.

Armes de la ville de Périgueux, 32, 54, 66, 83.

—— la Dauphine, Catherine de Médicis, 66.

Arquebutes à crochet, 34 et note.

Arroy, 42 et note.

Artillerie, 31, 43, 67, 83.

—— (grosses pièces d') , 31.

—— (maître de l'), 41.

Artilleurs, 43.

Assés, poissons du Périgord, 11 et note.

Avocats au Présidial de Périgueux, 24.

Aubrigons de satin, 31.

Avoine (six charges d'), offertes en présent au Sénéchal d'Estissac, 10.

—— (quatre charges d'), offertes au Premier Président du Parlement de Bordeaux, 17.

B

Bacchus, 42.

Barbecane de Taillefer, 66 et note, 77.

Barbes (chevaux), 76.

Basoche (roi de la), 82, 83.

Bassouchiers (les), 66.

Barons du Périgord, présents à l'entrée du roi de Navarre, 28.

Basme (baume), 38 et note.

Beauregard (Mr de) accompagne le Sénéchal André à son Entrée à Bergerac, 108.

Bedons, gros tambours, instruments de musique, 29 et note.

Belair (Gabriel), maître de l'artillerie à Bergerac, 106.

Belcier (François de), Premier Président du Parlement de Bordeaux. Son Entrée à Périgueux, 15 et note.

Bellegarde (Mr de) accompagne le Sénéchal Jacques André à son entrée à Bergerac, 108.

Bergerac (Entrée à) du Sénéchal Jacques André, 105.

—— (lieutenant de), 56.

Berthol (dit Caudou) marchand de poudre à canon à Bergerac, 106.

Bœuf pour bouillir, 106.

Bonet de soie, 31.

Bordeaux (Entrée du duc de Guyenne à), note additiondelle 87.

Borgon (Pierre), conseiller du roi au présidial de Périgueux 55,

Broncha des éperons (maire de Périgueux), 44.

Buccine (trompette), 33 et note.

C

Cailles servies au repas du sénéchal J. André, 109.

Camp de guerre, 43.

Canons d'honneur tirés au départ d'Henri d'Albret, 43.

Cars (le seigneur des), 33 et note.

Catherine de Médicis. Son Entrée comme Dauphine, 65 et s.

Chanoines des deux Eglises (le plus ancien des). Son discours au roi de Navarre, 31.

Chancelier de Bretagne, accompagnant le duc de Guyenne, 5 et note.

Chants royaux à l'entrée d'Henri d'Albret, 29.

Chapons (2 douzaines) offerts au Premier Président, 17.

Chaponneaux (8 paires) au repas du sénéchal J. André, 109.

Chapons à bouillir au repas du sénéchal J. André, 107.

Chastagnes, pour chataignes, sous forme de bijou, offertes à Henri d'Albret, 37.

Charges de vin (dix) offertes au Premier Président du Parlement de Bordeaux, 17.

Charles de France, duc de Guyenne. Son Entrée, 3, et note additionnelle, 87.

Chevaux bardes et hommes sauvages à l'Entrée du Sénéchal André, 76.

Chevreau mangé au repas du Sénéchal J. André, 107, 109.

Claustre (place de la), place de Périgueux où l'on joue de l'épinette à l'Entrée du roi de Navarre, 36.

Collation à Creysse près Bergerac, offerte au Sénéchal André, 105.

Confitures (12 boites de) offertes à Catherine de Médicis, 68.

Cornets sucrés lancés par un singe au départ du roi de Navarre, 43.

Coupe d'argent offerte à Blaise de Montluc, 83.

Creysse, village près Bergerac, 105.

D

Damas noir et satin rouge (poële de) porté sur la tête du roi de Navarre, à son Entrée à Périgueux, 32.

Danses de jeunes filles devant le même prince, 41.

Dauphin (Mr le), 66.

Dauphine (Entrée de Catherine de Médicis, alors), 65.

Distique récité au roi de Navarre, 31.

Doblet, lieutenant de Bergerac, tombe de cheval à l'Entrée du Sénéchal **Gaing** de Linars, 56.

Du Puy (Raymond), maire de Périgueux. Sa première harangue au roi, 25, 26. 27. Son second discours, 38 et 39. Son discours d'adieu, 45, 46 et 47.

Du Puy (Helie), conseiller du roi, 55.

E

Echo (nymphe), 44.

Embûche faite au Roi de Navarre pour empêcher son départ, 43.

Enfants de la ville de Périgueux au devant du roi de Navarre, 30.

Enseignes de taffetas (quatre et belles) déployées au vent, 29.

—— pliées, 43 ; dépliées, 44, 82.

Epées à deux mains, 29.

Eperons (le maire broncha des), 44.

Epices (deux livres d') offertes au Premier Président du Parlement de Bordeaux à son Entrée, 17.

—— servies au festin du Sénéchal André, 107, 108.

Espinette organisée (jeune homme jouant singulièrement bien d'une), 36.

Estissac (Bertrand d'). Son Entrée comme Sénéchal, 9 et note.

Esmaüs (pélerins de), 46.

Espagnol (discours en langage), 30 et noté.

Evêque de Périgueux fait un discours au roi de Navarre, 35.

—— reçoit le Sénéchal de Gaing, 55.

F

Ferade (croix de) lieu près de Périgueux où le maire harangue le roi de Navarre, 25.

Fiffres, 29, 42.

Flambeaux (deux douzaines de) offerts à Catherine de Médicis, 68.

Fleurs de lys et hermynes, ornant le poele du roi de Navarre 32.

Fluttes et rebecs, 44.

France (Charles de), duc de Guyenne. Son Entrée à Périgueux, 3 et note.

G

Gaing (Charles de), seigneur de Linars. Son Entrée à Périgueux, 53 et note.

Ganyméde, (échanson des Dieux) 48.

Gens de pied vètus à livrées à l'entrée du Premier Président, 17.

Gibier offert à la Première Présidente, 72,

Guyenne (duc de). Son Entrée à Périgueux, 3.

H

Hallebardes des sergents de la ville de Périgueux, 24, 54, 66, 76.

Halle du Coder, 34.

Hanaps du roi de Navarre seringués d'eau claire, 48.

Harangue de haut style du doyen des chanoines de St-Front, 31.

Harnoys de corps, 29.

Hauxbois, taborins et autres instruments, 33.

Hermines, et fleurs de lys ornant le poele du roi de Navarre, 32.

Hommes sauvages, à l'Entrée du Senéchal J. André, 76.

Hoquetons d'orfévrerie, 54, 76.

Huile d'olive servie au repas du Senéchal J. André, 107.

Hyperion, 21 et note.

Hypocras (huit pots) offerts au sénéchal d'Estissac, 11.

J

Jacobins (couvent des), 56, 66.

Janus, l'antique portier des Dieux, 22.

Jarte (clos de la), 55.

Jovyenne (magnanimité), 26.

Juge-maige de Périgueux, 23.

L

Lalinde (syndic de), 108.

Lapins, (trois) et une poule d'inde servis au repas du Senéchal J. André, 107.

Laquais en pourpoints et chausses, 23.

Lascha sa langue, discours du maire de Périgueux au roi de Navarre, 38.

Lays et vire-lays, 29, 31.

Levraux, 107, 109.

Lieutenant du sénéchal, 66.

Limogeanne (porte de la), 31.

Linars (Charles de Gaing, seigneur de), son Entrée à Périgueux, 53.

Litière de Catherine de Médicis, 67, 68.

Livrees de velours, des enfants de la Ville de Périgueux, 29.

Luminaires aux fenêtres, à l'entrée du roi de Navarre, 33.

M

Maire et Consuls de Périgueux reçoivent le duc de Guyenne, 4; le sénéchal d'Estissac, 10; le Premier Président, 16; le roi de Navarre, 22, 24; le sénéchal de Gaing, 53; Catherine de Médicis, 66, 67; le sénéchal J. André, 75; Blaise de Monluc, 81.

Majesté (royale), titre donné au roi de Navarre, 26, 45, 47.

Marchands de Périgueux, présents à l'Entrée du Sénéchal André, 76.

Mateguerre (tour de), 37, 42, 77.

Marsyas (satyre), 48.

Mémoire (reliques de sainte) montrées au roi de Navarre, 35.

Memy (seigneur de), 108

Mendians (ordres), 31.

Menetriers, 42, 43.

Ministres paysans, 40.

Monluc (Blaise de). Son Entrée, 81 et note.

Montaignac (Mr), 108.

Montanceys (château de), 41, 49.

Mouton de haute graisse, servi au repas du Senéchal J. André, 107.

Mule du Maire de Périgueux, 24.

Musser (pour se cacher), 43.

Mystère des trois rois, joué à l'Entrée du roi de Navarre, 34.

N

Narbonne, 66.
Narcyssus, 44.
Nectarée (potion), 42.

Nestoriens (ans), souhaités au roi de Navarre, 47.
Nimphes naïades, 48.

O

Oblies, jettés aux compagnons du roi de Navarre, 48.
Oeillets, 38.
Official de Sarlat, 108.

Otendeaux, servis au repas du Senéchal André, peut être Outardes ? 107.
Oisons, 107.

P

Palladienne (maturité), 26.
Pandans de soye, ornant le poele du roi de Navarre, 32.
Pavillons et tentes dressées à l'embuche du roi de Navarre, 43.
Perdrigeaux, (perdreaux) servis au repas du Sénéchal André, 109.
Perdrix (4 douzaines), offertes au Sénéchal d'Estissac, 11.
Perles orientales, 37.
Phebus, 32.
Pièces d'artillerie, 34.
Pietons, 44.
Pigeons, 107, 109.
Pipes froment, (4000) levés sur le pays pour le recouvrement du royaume de Navarre, 60.
Piques, 29.
Piquiers (bandes de), 42, 43, 44.
Pomone, 49.
Popelin, cuisinier de Bergerac, 107.
Portier des Dieux, (Janus, l'antique), 22.
Poste, synonyme de laquais, 40.
Poules, servies au repas du Sénéchal J. André, 109.
Poulets de Mars, 107. idem.
Poule d'Inde, 107. 109. idem.

Pourpoints de taffetas blanc, (enfants de la Ville de Périgueux vêtus de) 31.

Poêle du roi de Navarre, 32, de Catherine de Médicis, 66, 67.

Prebendiers, 30.

Premier Président du Parlement de Bordeaux fait son Entrée, 15 et note.

Première Présidente du Parlement de Bordeaux fait son Entrée, 71 et note.

R

Rebecs, instruments de musique, 44 et note.

Reine de Navarre, 40.

Reliques de Saint Front, 55.

Rondeau récité au roi de Navarre, 31.

Roche, consul de Périgueux,

harangue Blaise de Monluc à son Entrée, 82.

Rognac (le seigneur de), maire de Périgueux, reçoit le sénéchal J. André, 75, 76.

Rubi offert au [roi de Navarre, 37.

S

Saint-Front (église de) visitée par le roi de Navarre et Catherine de Médicis, 35, 68.

Saint-Geniés Badefol (seigneur de), 108.

Satin (200 enfants de la ville de Périgueux vêtus de livrées de), 29.

Sayons semés de fleurs de lys d'or, 24, 54, et note.

Seguin, conseiller du roi, 55.

Sergents du roi, 24.

Sergents de la ville de Péri-

gueux marchant au devant du Maire au nombre de six, 24, 54.

Seringuez d'eau claire (verres et hanaps du roi de Navarre), 48.

Silvanus (dieu des forêts), 45 et note.

Singe sautant et trépudiant, 48 et note.

Sol emprunté, 11 et note.

Souliers de satin blanc des enfants de Périgueux, 31.

Sucre, vingt livres offertes au premier Président de Belcier 17. Servi au repas du sénéchal J. André, 107, 109.

Surpelins et riches chappes des chanoines de Saint-Front, 30.

Suisses (tamborins de), 29, 33, 42, 44, 76.

T

Tamborins de Suisses, 29, 33, 44, 76.

Taillefer (porte et barbacane de), 36, 66, 77, 83.

Taffetas (livrées de), 29.

Tarte servie au repas du sénéchal J. André, 108.

Tapisseries tendues à Périgueux aux Entrées du roi de Navarre, du sénéchal J. André et de Blaise de Monluc, 33, 34, 77, 83.

Tedieuses (corvées), 27 et note.

Tentes et pavillons dressés à l'embuche du roi de Navarre, 43.

Thétis, 32.

Thoulon (ermitage du), 54 et note.

Titan, 21.

Torches allumées aux maisons à l'Entrée du roi de Navarre, 33.

Torches (deux douzaines), offertes au sénéchal d'Estissac et au Premier Président, 11, 17.

Tricard (Jean), seigneur de Rognac, reçoit Catherine de Médicis, 67.

Trois Rois (mystère des), joué à l'Entrée du roi de Navarre, 34 et note.

Trompettes de la ville de Périgueux, 11, 33, 43, 46.

V

Vaches (pourpoints des deux laquais de la ville de Périgueux semés de), 24.

Veau offert au Premier Président, à son Entrée à Périgueux, 17.

Verjus servi au repas du sénéchal André, 108.

Verres du roi de Navarre, 48.

Vin (quatre barriques de) offertes au sénéchal d'Estissac, 10.

Vin claret, 42.

Vin de Quercy (deux pièces) offertes à Catherine de Médicis, 67 et note.

Vin de Quercy (une pièce) offerte à la Première Présidente, 72 et note.

Vin (six barriques) offertes à Blaise de Monluc, 83.

Vinaigre, servi au repas du Sénéchal André, 108.

Violettes de Mars, couvrant le bijou offert par la Ville de Périgueux au roi de Navarre, 38.

Virelais et lais chantés à la louange du roi de Navarre à sa première Entrée, 29.

Vulcanus (le déifique fabre). 38 et note.

Ursins (bande des), enfants de la Ville de Périgueux revêtus de peaux de bêtes, 30.

Zodiaque, 21.

FIN.

ACHEVÉ D'IMPRIMER

A SAUVETERRE DE GUYENNE

PAR J. CHOLLET

Le 1 Mai

MDCCCLXXXII

Le vray Pourtraict de la ville de Perigueux.

SEPTEMTRION.

OCCIDET

ORIENT

MIDI

A. La tour de la ville.
B. L'Eglise Cathedrale.
C. La maison Episcopale.
D. Amphitheatre des Rolphies.
E. Convent des Iacobins.

F. Fauxbourg de Taille-fer, ruiné.
G. Ieu de Paulme.
H. Convent des Cordeliers.
I. Convent des religieuses de saincte Claire.

K. Porte de Tailleffer, & maison du four de la Borie y ioignant.
L. Porte de l'Aberenie.
M. Moulin fondu.

N. Porte du pont, & pont de Tournepiche.
O. Porte renduë.
P. Porte des planiers.

Q. Porte de la Limoliene.
R. Porte la Laquilerie.
S. Eglise Ca. l'esquiès S. Front.
T. Maison d. ville. Combas.

V. Eglise S. ville.
X. La Chaffre, aplace publique.
Y. Convent des Augustins ruiné.
Z. Chapelle de la garde.

*. L'enfouilt.
Aa. L'Ille, riuiere.
Bb. La cité.
CC. Le pont de la cité.

? k iij

DIX
ENTRÉES
SOLENNELLES
A
PÉRIGUEUX

, 1470 — 1566

Publiées pour la première fois d'après les manuscrits de la Biblio-
thèque Nationale et les Archives de la ville de Périgueux

PAR

LE PRÉSIDENT DE MONTÉGUT

Correspondant du Ministère pour les Travaux historiques.

BORDEAUX
P. CHOLLET, LIBRAIRE-ÉDITEUR
53, COURS DE L'INTENDANCE

MDCCCLXXII

www.ingramcontent.com/pod-product-compliance
Lightning Source LLC
Chambersburg PA
CBHW051728090426

42738CB00010B/2141